新时代教师文化生态理论与实践研究

曹阳飞 姜 敏 王旭东 著

中国纺织出版社有限公司

图书在版编目(CIP)数据

新时代教师文化生态理论与实践研究/曹阳飞,姜敏,王旭东著. -- 北京:中国纺织出版社有限公司,2024.4

ISBN 978-7-5229-1762-7

Ⅰ.①新… Ⅱ.①曹… ②姜… ③王… Ⅲ.①高等学校—教师素质—研究—中国 Ⅳ.①G645.16

中国国家版本馆 CIP 数据核字(2024)第 092619 号

责任编辑:张 宏　　责任校对:王蕙莹　　责任印制:储志伟

中国纺织出版社有限公司出版发行
地址:北京市朝阳区百子湾东里 A407 号楼　邮政编码:100124
销售电话:010—67004422　传真:010—87155801
http://www.c-textilep.com
中国纺织出版社天猫旗舰店
官方微博 http://weibo.com/2119887771
三河市宏盛印务有限公司印刷　各地新华书店经销
2024 年 4 月第 1 版第 1 次印刷
开本:787×1092　1/16　印张:10.5
字数:220 千字　定价:98.00 元

凡购本书,如有缺页、倒页、脱页,由本社图书营销中心调换

前　言

《新时代教师文化生态理论与实践研究》是一本关于教师文化生态的研究著作。本书旨在探讨新时代背景下，教师文化生态的概念与内涵、模型与框架以及影响因素，进一步研究教师职业文化与教育环境、学校文化与教师发展、教育政策与教师职业发展，以及教师文化多元融合与创新等相关问题，并提出对未来教师文化生态建设的策略和建议。

本书的理论出发点是基于对教师文化的重要性和对教师发展的关注。在新时代，随着教育改革的不断推进和社会发展的加速，教师面临着前所未有的挑战和机遇。教师文化生态的健康发展，对于提高教师职业满意度、激发教师创新能力、构建良好的教育环境等具有重要意义。

本书分为八章，从不同角度对教师文化生态进行了深入研究。第一章导论介绍了研究背景与动机、研究目的与意义，并说明了研究范围与方法。第二章概述了新时代教师文化生态理论的基本概念与内涵，提出了教师文化生态模型与框架，并分析了影响教师文化生态的因素。接下来的几章分别探讨了新时代教师职业文化与教育环境、新时代学校文化与教师发展、新时代教育政策与教师职业发展、教师文化多元融合与创新、新时代教师健康与心理文化等方面的问题。最后一章讨论了当前教师文化生态面临的挑战与问题，展望了教师文化生态的未来发展趋势，并提出了推动教师文化生态建设的策略与建议。

本书的编写得益于广大教育界同仁的支持与参与，同时也借鉴了国内外学者的相关研究成果。在此，衷心感谢所有对本书撰写提出宝贵意见和支持的人士。

希望本书能够为教师文化生态的研究和实践工作提供理论指引和实践借鉴。愿我们共同致力于推动教师文化的健康发展，为培养优秀教师、构建优质教育环境做出积极贡献。

最后，希望读者能够从本书中获取启示和收获，并能够通过实践促进教师文化生态的建设和提升。

本书由中共包头市委党校曹阳飞、姜敏和王旭东共同撰写完成。具体撰写分工如下：曹阳飞撰写了第一～第三章（共计8.5万字）；姜敏撰写了第四～第六章（共计7.5万字）；王旭东撰写了第七章和第八章（共计6万字）。

曹阳飞

2024年1月

目 录

第一章　导论 ··· 1
第一节　研究背景与动机 ·· 1
第二节　研究目的与意义 ·· 2
第三节　研究范围与方法 ·· 3

第二章　新时代教师文化生态理论概述 ····························· 7
第一节　教师文化生态的概念与内涵 ································ 7
第二节　教师文化生态模型与框架 ·································· 14
第三节　影响教师文化生态的因素分析 ······························ 24

第三章　新时代教师职业文化与教育环境 ························· 31
第一节　教师职业文化的特点与价值观 ······························ 31
第二节　教育环境对教师职业文化的影响 ···························· 45
第三节　建构健康积极的教师职业文化策略 ·························· 50

第四章　新时代学校文化与教师发展 ····························· 61
第一节　学校文化的构建与传承 ···································· 61
第二节　学校文化对教师发展的影响 ································ 66
第三节　促进学校文化与教师发展的互动机制 ························ 71

第五章　新时代教育政策与教师职业发展 ························· 79
第一节　教育政策对教师职业发展的导向作用 ························ 79
第二节　教育政策对教师培训与专业发展的影响 ······················ 88
第三节　优化教育政策以促进教师职业发展 ·························· 91

第六章 教师文化多元融合与创新 ... 97
第一节 不同文化背景下的教师文化融合 ... 97
第二节 教师文化创新与教育改革的关系 ... 99
第三节 激发教师创新能力的文化支持策略 ... 105

第七章 新时代教师健康与心理文化 ... 113
第一节 教师健康与心理健康的重要性 ... 113
第二节 心理文化对教师健康的影响 ... 117
第三节 构建支持教师心理健康的文化环境 ... 123

第八章 新时代教师文化生态的未来发展 ... 131
第一节 当前教师文化生态面临的挑战与问题 ... 131
第二节 教师文化生态的未来发展趋势与展望 ... 138
第三节 推动教师文化生态建设的策略与建议 ... 145

参考文献 ... 155

附 录 ... 157
附录一 文化调查问卷样本 ... 157
附录二 教师满意度调查问卷样本 ... 158

第一章 导论

第一节 研究背景与动机

一、背景介绍

在当今社会发展的大背景下,教育体系正面临着巨大的转变。在新时代的教育实践中,教育者面对更为复杂的教学环境和多元的文化挑战,这使教育改革和教育质量提升变得尤为紧迫。在这一背景下,教师文化生态的研究成为对这一复杂背景的理论反思,具有引领教育改革的关键作用。

教育环境的快速变迁是这一变革的主要驱动力之一。信息技术的广泛普及和飞速发展,以及学生需求的多元化,都对传统的教学模式提出了新的挑战。这种变迁涉及教师文化的多个层面问题,包括教师在教学中所体现出的价值观、行为模式以及职业认同等方面的问题复杂交织。教育者需要更具适应性和引导性,因此深入研究教师文化生态的内在机制和运作规律成为助力教育者更好地迎接这一变革的重要任务。

在这一背景下,教育体系的变革不仅是课程或制度的调整,而且涉及教师文化的全面升级和深刻转变。教育者的价值观、教学理念以及对学生发展的认知都在这一变革中受到重新审视。因此,对于如何更好地适应并引导这一变革,应对教师文化生态进行深入研究,以全面理解教育体系中文化元素的运作机制。

教师文化生态的研究不仅有助于理论层面对教育变革进行深入思考,更有助于实际教育实践提供了切实可行的指导。通过对教师文化的多层面问题进行深入剖析,我们可以更好地了解教育者在复杂环境中的行为动因和影响因素。这种深入研究不仅有助于提高教育者的专业水平,更能够促进教育质量的全面提升。因此,教师文化生态的研究不仅在理论上有着深远的学术价值,更在实践中具有重要的指导意义。

二、研究动机分析

在教育体系中,教师作为推动教学、引导学生的核心力量,其文化生态的健康构建直接关系到教育质量的提升和学生综合素养的培养。然而,当前对于教师文化生态的深入研究尚处于初级阶段,对其内在机制和实质影响因素的理解相对薄弱。因此,深入探讨教师文化生态的研究成为当前时代教育领域急需解决的重要问题。

教师作为教育体系的核心力量,其文化的构建直接影响学生的价值观、学科素养、创新能力等多个方面。然而，传统的教育研究过于注重课程设计、教学方法等方面，对于教师文化生态的全面研究较为匮乏。为此，深入研究教师文化生态，旨在为教育体系提供更全面、更深刻的理论支持，从而促进教师在新时代中更好地履行其使命。

当前的教育环境面临着巨大的挑战和变革，包括快速更新迭代的信息技术、学生需求的多元化等因素，这使教育者在教学中面临更为复杂的情境。在这一复杂的教育背景下，教师文化生态的研究显得尤为重要。通过深入挖掘教师文化生态的内在机制和运作规律，我们能够更准确地理解教育者在复杂环境中的行为动因和受到的影响。这有助于为教育体系提供更为精准和可行的理论指导，从而提升教育质量。

尽管教师文化生态的研究在当前受到广泛关注，但其深度和广度仍有待进一步拓展。传统的教育研究往往过于注重单一层面，而对于教师文化生态的综合性研究相对不足。因此，通过深入研究教师文化生态，我们能够填补现有研究的空白，为教育改革提供更为系统和全面的理论支持。

第二节　研究目的与意义

一、研究目的明确

深入研究教师文化生态的目的在于全面揭示教育背景下教师文化的内在机制和运作规律。教育体系正面临着迅猛的变革，而教师文化作为其中的核心元素，其内在机制的深刻理解将为我们提供深层次的洞察力。通过系统分析教育背景，我们能够更全面地理解新时代教师面临的挑战和机遇，从而为教育体系的未来发展提供更为精准的定位，为教育改革提供全面的理论支持。

我们着眼于明确教师文化的内在结构。深入研究教师文化各要素之间的互动关系，有助于深刻理解文化在教育体系中的角色和作用。通过对教师文化内在结构的细致剖析，我们能够更好地把握文化要素之间的关联性，为构建更加协调、融合的文化生态提供可行性理论指导。这将有助于形成有机的文化体系，使教育者在面对多元文化挑战时更具应变能力。

深入研究教师文化对教学和学生发展的实质影响。这一层面的研究旨在通过科学的量化分析，深刻理解教师文化在教育质量中的贡献。通过系统评估教师文化对教学效果和学生发展的实质性影响，我们能够为提高教育效果提供科学支持。这有助于形成更为有效的教育策略，使教育者在实际教学中更加具有针对性和战略性。

我们将汇总研究结果，形成全面的结论。深入研究教师文化生态，将不仅有助于理论层面的提升，更为实际教育实践提供了切实可行的指导。这一全面系统的研究将在学术界和教育领域产生深远的影响，为新时代的教育体系构建更为健康、有益的文化生态提供科学依据。

二、研究意义概述

深入研究教师文化生态的意义在于为整个教育体系提供更为科学合理的理论支持。通过揭示教育体系中教师文化的内在机制，我们能够深入了解文化在教育中的运作规律，为教育理论体系的建设提供重要的理论基石。这将有助于教育体系更好地应对社会发展的变革和挑战，使其更具活力和适应性。通过全面的理论支持，我们能够为教育体系的创新提供有力的指导，使其更加符合新时代需求。

研究教师文化对教师教学和学生发展有着实质影响，有助于明确教师在教育中的角色和责任。深刻理解教师文化的实际影响有助于形成更为具体的教育管理方针。通过科学合理的研究，我们可以量化教师文化对教学效果和学生综合素养的贡献，为制定更为有效的教育政策提供实证依据。这将有助于教育者在不同文化背景下的应对策略，使其在教育实践中更具针对性和有效性。

深入了解教师文化的意义体现在对教师培训的改进和创新上。通过研究教师文化研究，我们能够为培训提供更加精准的方向，使培训更贴近教师的实际需求，提升培训的实效性。这有助于培养更具有文化适应力的教育者，使其更好地适应多元文化的教学环境，提高教育的质量和深度。

总体而言，深入研究教师文化生态对于构建更加健康、更有益的教师文化，推动教育体系的发展具有重要的实际意义和深远影响。这一研究不仅有助于提升教育体系的整体素质，更能够为实现教育公平、促进学生全面发展提供更为有力的支持。通过全面理解教师文化的意义，我们能够为教育领域的改革与创新提供科学的决策支持，为构建现代化、高效的教育体系奠定坚实的理论基础。

第三节　研究范围与方法

一、研究范围界定

在我们的研究中，我们着眼于教师文化生态这一复杂而多层次的概念，并将研究的范围明确定义在几个关键层面上。首要是对教师文化的核心概念与内涵进行深入剖析。这一方面包括对教师文化定义的探讨，要素构成的详尽分析，以及文化形成过程的深度解读。通过对这些核心概念的明确，我们能够为后续的研究提供清晰而有力的实证理论框架，确保我们的研究在深度和系统性上都能取得显著进展。

我们致力于深入研究教师文化生态在不同文化背景下的表现，通过比较研究揭示文化对教师行为和教学方式的影响。这一扩展的研究层面有助于我们深入了解文化因素对教师文化生态的塑造和调整过程，并为跨文化教育提供实际的指导。通过在多元文化背景下的比较，我们能够更好地理解文化对于教育体系的多样性和复杂性的贡献。

我们将研究范围进一步拓展至教师文化生态与学生发展的关联性。这包括对教师文化对学生学术成绩、心理健康等方面的实质影响进行深入分析。通过探讨教育体系中文化生态对学生成长的重要性，我们能够塑造更有利于学生发展的教师文化提供有力的理论支持。

二、研究方法选择与说明

（一）文献综述

文献综述作为研究方法的首选，为深入探讨教师文化生态提供了坚实的理论基础。通过对国内外相关文献的广泛梳理，我们得以系统地了解教师文化生态研究的当前现状，从而为教师文化生态研究提供了全面而深刻的背景认知。这一过程中，我们着眼于收集与整理教师文化生态相关的学术论文、研究报告以及其他相关文献，以构建一个全面而多元化的文献库。

国内外学者对于教师文化生态的关注主要集中在其定义、内涵、形成机制，以及对教学和学生发展的实际影响等方面。其中，一方面研究强调了教师文化的多元性和动态性，强调了在不同文化背景下教师文化的异质性。另一方面，也有学者聚焦于教师文化对学生学业成绩、行为习惯、心理健康等多个方面的影响程度，从而揭示了教师文化在塑造学生全面发展方面的重要作用。

同时，通过文献综述揭示了当前研究中存在的一些共性问题和争议点，如教师文化的学术定义仍存在差异，不同研究对于文化生态中各要素的权重和互动关系存在分歧等。这为我们的后续研究提供了指导，使我们能够在整个研究过程中更加准确地聚焦核心问题，并结合先前研究的不足之处，提出更有针对性和创新性的研究问题。

（二）实地调查与深度访谈

通过实地调查与深度访谈的方法，我们将深入校园，观察教学过程，与教育者进行深度交流，以获取教师文化生态的真实、丰富的数据。这种具有实践性的方法能够为我们提供更具体、更全面地了解真实的教育环境，使我们能够深入教育现场，捕捉到教师文化在教学中的具体表现和其变化的实质过程。

通过实地走访学校，我们将置身于真实的教育环境中。这包括观察教室内的教学活动、学生互动以及教师在教学中所体现出的文化特征。通过亲身感知教育现场，我们能够更好地理解教师文化是如何在实际教学中体现出来的，以及其与学生、学科的互动关系。

接着，我们将运用深度访谈的方法，与教育者展开有针对性地对话。通过与教师、校长、教育管理者等进行深入交流，我们能够听取到他们对于教师文化的理解、认知，以及他们在实际教学中对文化因素的重视程度。深度访谈有助于挖掘教师文化生态中的隐性特征和不同主体的感知，为我们提供更加细致入微的数据支持。

这一方法的优势在于能够捕捉到实际教育现场的细节，使研究更具实践性和现实性。通过与教育者面对面的交流，我们可以更深入地了解教师文化是如何在实际工作中发挥作用的，以及它对教学、学生发展的实质性影响。这种深入的实地调查和深度访谈方法将为我们的研究提供丰富的素材，使研究结果更具有深度和说服力。

（三）案例分析

采用案例分析的方法，需要我们深入选择具有代表性的学校或教育机构，以此为基础展开深入研究、深刻剖析其教师文化生态的构建和发展过程。通过案例分析的研究方法，我们致力于深入了解个别学校在教师文化方面的独特经验和成功实践，从而总结出通用的规律和可操作的经验教训。

案例分析的优势在于其具体性和深入性。通过选取具体案例，我们能够全面了解学校内部的文化特征、教师团队的协作机制、领导层的管理理念等方面的细节，从而深入挖掘教师文化的形成过程和内在机制。这样的深度剖析有助于揭示不同学校在面对相似问题时所采取的差异性策略，从而为其他学校提供可操作性的借鉴和参考。

通过案例分析，我们能够更好地捕捉到在具体实践中出现的问题和解决方案。不同学校面对教育改革、文化融合等挑战时的应对策略和取得的成果将成为案例研究的重要内容。这种实际问题与解决方案的结合，有助于提高研究的实证性，使研究成果更具可操作性。

通过案例分析，我们能够从实际中总结出通用的规律和经验。通过对多个案例的比较，我们能够找到共同点和相似之处，形成对于教师文化生态的普适性认识。这种通用规律和经验的提炼将为其他学校提供可行的指导，促进整个教育体系的健康发展。

第二章　新时代教师文化生态理论概述

第一节　教师文化生态的概念与内涵

一、教师文化生态定义

（一）教师文化生态的定义与演化

1. 教师文化生态的定义

在当今社会飞速发展的背景下，教育体系正经历着深刻而迅猛的变革，迫使我们深入探讨教师文化生态的概念。在新时代的语境中，教师文化生态被视为教育体系中一个不断演化的、相互联系的系统。这一系统的复杂性表现在教师个体与周围环境之间错综复杂的互动中，呈现出独特而深刻的综合文化特征。

教师文化生态的定义与理解需要超越单一的教学视角，而是将其置于更广泛、更复杂的社会背景中。这一系统性的概念涵盖了教育体系中各种元素的相互作用，包括但不限于教育政策、学校文化、社会变革以及科技进步等多方面因素。这种综合性的考量使我们能够更全面、更深刻地把握教师文化生态的实质。

在教师文化生态的不断演化过程中，时间和环境的推移被视为主导力量，使这一概念具有显著的动态性。教师文化生态并非僵化不变的概念，而是随着时代的变迁和社会的发展而不断演进的系统。这种动态性使教师文化生态具备了适应性和灵活性，能够更好地与教育体系中的变革和需求相契合。

教师文化生态的核心特征在于其系统中各要素之间的相互关联性。这一系统并非由孤立的元素构成，而是通过复杂而紧密的联系多元素共同形成的。教育政策的制定与调整直接影响学校文化的塑造，而学校文化又反过来影响着教师在教育体系中的定位和发展。同时，科技的发展和社会背景的变迁也与教师文化生态的演变密切相关，形成了一个错综复杂的互动网络。

2. 演化与动态性

教师文化生态的新时代概述强调了其显著的动态性，突显了在时代和环境推动下，教师文化生态不断演进的特质。这种动态性赋予了教师文化生态一种灵活性，使其能够更有效地适应教育领域中的变革和需求，形成一个具有活力的系统。

教师文化生态的演化并非孤立的过程，而是受到多方面因素的交织影响。在历史的长河中，教师在不同的历史阶段和社会背景中逐渐形成了独特的文化特征。这一演化过程体现了教师角色的多样性和适应性，使他们能够在不同时期的社会需求和教育理念中找到自己的准确定位。

在教育体系中，政策、科技和经济等多个因素作为推动教师文化生态演化的动力，起到了至关重要的作用。教育政策的调整和更新直接影响着教师的职责和期望，科技的快速发展影响了教学手段和方式，而经济的变化则对教育资源的配置和教师的社会地位产生着深远的影响。这些因素的共同作用，推动着教师文化生态在不同历史时期展现出不同的面貌。

教师文化生态的动态性也表现在其不断调整和适应变革的过程中。教师作为教育体系中的重要组成部分，必须面对社会的不断发展和变革，积极调整自身的文化认知和专业素养。这种调整不仅表现在教学方法和教学理念上的变化，更体现在教师个体对于教育本质的不断审视和认知的深化。

3.多要素相互关联

教师文化生态的新时代概述明确强调了其中各要素之间的紧密相互关联性，将其视为一个由多项相互联系、相互影响的要素共同构成的系统。这种多要素相互关联的结构使教师文化生态成为一个复杂而有机的整体，涵盖了教育体系中的多个关键因素。

教育政策作为教师文化生态的关键组成部分，直接影响着教育体系的运作和发展方向。政策的调整和变革将直接引导学校的办学方针，进而塑造教师的教育理念和职业方向。政策的变化既反映了社会对于教育需求的调整，也影响了教师的工作环境和职业发展路径。

学校文化是教师文化生态中不可或缺的要素之一。学校的核心价值观、教学理念以及师生关系等方面的文化构成，直接塑造了教师的专业认同和职业价值观。教师在学校文化的熏陶下，形成独特的工作氛围和专业风格，同时受到学校管理体制的影响，进一步影响整个教师文化生态系统的运作。

教育技术作为当今教育领域中的重要创新因素，也在教师文化生态中占据重要位置。随着科技的不断发展，教育技术的应用不仅改变了教学方法和手段，还对教师的教学能力和专业素养提出了新的要求。教师需要不断适应和采纳先进的教育技术，从而更好地适应新时代的教育需求。

社会背景作为一个综合性的要素，通过教师文化生态系统产生广泛而深刻的影响。社会的价值观念、经济结构、职业观念等方面的变化将直接影响到教育体系和教师的发展。教师在这个多元化的社会背景中不仅需要面对多样性的学生需求，还需要理解并适应社会的发展趋势，以更好地引领教育的前行。

（二）教师文化生态的要素分析

1.教育政策与文化导向

教育政策作为教师文化生态中的至关重要的关键要素，对整个教育体系的结构和运作产生深刻的影响。政策的演变和调整直接塑造了教师的职业观念和行为方式，成为推动教师文化变革的关键动力。在新时代的语境下，政策导向逐渐成为塑造教育发展方向的引导力量，强调素质教育和创新能力培养等方向，进而在一定程度上塑造教师的专业发展轨迹和教学理念。

教育政策的变化直接反映了社会对教育目标和价值的认知调整。政策导向的变革在某种程度上决定了教育体系的发展方向，为教育体系的未来提供了明确的引导。在新时代，政策导向聚焦于素质教育，提倡培养学生的全面素养，强调培养学生的创新能力、团队协作精神和综合运用知识的能力。这一导向直接塑造了教育体系的内在结构，影响着教学方式和教师的专业发展。

教育政策的变化还在很大程度上塑造了教师的职业观念。政策导向的调整直接关系到教师的工作任务和目标，因此，教师在职业实践中将政策要求转化为具体的教学实践。在新时代，政策强调培养学生的创新能力，这直接要求教师更新教育理念，采用更灵活的教学方法和手段。教育政策的导向也在一定程度上影响着教师对于自身职业发展方向的选择，激励教师在教学中更加注重培养学生的实际能力。

2. 学校文化与教育管理

学校文化在塑造教师文化生态中扮演着至关重要的角色，其内涵包括学校的核心价值观、教学理念以及师生关系等多个方面。学校文化不仅直接影响着学校内部的氛围和气氛，同时深刻地影响着教师在这个特定文化环境中的专业认同和职业价值观。

学校文化塑造了教师的专业认同。学校所倡导的核心价值观和教学理念直接影响着教师对于教育使命和目标的理解。例如，一个注重全面培养和创新的学校文化将激励教师更加关注学生个体的发展，追求多元化的教学手段。若学校文化强调成绩至上，那么教师可能更加倾向于注重应试教育，从而影响其教学方法和价值观。

学校文化对教育管理体制产生深远影响。教育管理体制的不同会直接塑造学校的组织结构和运作方式，影响着教师的工作环境和职业发展路径。例如，一个注重团队合作式和开放式管理的学校文化可能激励教师更加积极地参与学校事务，形成共同的教育理念。相反，若学校管理体制较为僵化和集权化，教师可能受到更多的行政限制，难以在教育创新和个人发展上获得足够的空间。

学校文化和教育管理体制之间存在相互作用关系，二者共同构成了教师文化生态的基本框架。学校文化作为一种潜移默化的力量，渗透到教师的职业心理和行为方式中，形成了一种共同的专业认同。而教育管理体制则通过制度化和组织化的手段，规范和引导教师的工作行为，对学校文化进行实际的落地和执行。

在新时代的教育背景下，学校文化和教育管理体制的协同发展至关重要。有机地融合这两者，使学校文化更符合当代教育理念，同时构建开放、创新的管理体制，将为教师提供更有活力、更有发展空间的文化生态环境。教育管理者和教育从业者应共同努力，促进学校文化和管理体制的良性互动，为塑造积极向上的教师文化生态创造了有利条件。

3.科技发展与教育创新

科技发展在新时代的教师文化生态中扮演着至关重要的角色，成为推动教育创新的重要推动力量。随着科学信息技术的普及和应用，教学方式发生了翻天覆地的变化，对教师提出了全新的要求，从而深刻地影响了教师文化生态的动态演化。

信息技术的广泛应用改变了传统的教学模式，为教育创新提供了丰富的可能性和数据。教师在新时代需要不断适应科技的发展，应熟练掌握各类教育技术工具，借助先进的技术手段拓展教学辅助工具。这不仅包括在线教学平台、虚拟实验室等工具的应用，还涉及数据分析、人工智能等领域的运用，以更好地满足学生个性化学习的需求。

教育创新的推动离不开教师的积极参与和不断提升的专业素养。科技发展引领着教师走向数字化时代的教学形式，强调创新能力、跨学科的教育思维，使教师需要具备更丰富的教学策略和多元化的课程设计。科技的发展不仅要求教师具备数字素养，还需要他们深入了解现代科技的应用，以更好地引导学生在信息时代中获取、处理和应用知识。

在这一背景下，教师文化生态系统呈现出动态演化的趋势。教师在面对科技发展的冲击时，需要不断调整自身的教育理念和专业认知，以适应数字化时代对教育的新要求。这也促使了教师群体形成一种积极向上的学习文化，倡导不断更新教学知识、不断创新的专业态度。

二、生态内涵解析

（一）教师与环境的相互关系

1.学生关系

教师文化生态的内涵在于教师与学生之间的紧密相互关系。作为教育体系的核心成员，教师通过与学生的互动不仅在传递知识，更是共同构建一种丰富而复杂的文化认知和专业行为模式。这种相互关系的本质不仅限于传统的教学过程，而是涵盖了对学生个体间的不同的理解与尊重，以及对学生成长过程中的社会文化背景的灵活适应性。

在教育的前线，教师与学生的相互关系直接塑造了教师的文化认知。这不仅是一种知识传授的过程，更是对学生个体差异的敏感理解。教师需了解每个学生的学习风格、兴趣爱好、认知水平等方面的差异，更有针对性地进行教学设计。这种关系强调了个体化教育的重要性，使教师在实践中兼顾了知识传递和学生个体发展的双重任务。

教师与学生的相互关系还涉及对学生成长过程中社会文化背景的适应。学生来自不同家庭、地域、文化背景，而教师需要在与他们的互动中理解并尊重这些差异。这种适应并非是单向的，教师也通过自身的文化来影响和引导学生的成长。在这一过程中，文化的交融使得教育更具包容性，有助于学生形成全面而独立的个体。

教师与学生之间的相互关系是一个动态而复杂的过程。这种关系的建构不仅涉及教育理念的对接，更需要教师具备高度的情感智慧，能够理解学生的需求、关切他们的成长，建立起一种亲密而信任的师生关系。在这一关系中，教师的文化认知、价值观和社会责任感都得到了深度体现。

2. 同事合作

同事合作是教师文化生态中一个不可忽视的重要维度。在教学实践中，教师需要与同事进行紧密合作，共同探讨教学理念、分享教学经验，从而形成一种共同的教育文化。同事之间的互动不仅对个体教师的成长产生促进作用，也为整个教育系统创造了积极向上的文化氛围。

教师在同事关系中不仅是独立的个体，更是学校文化的建构者。通过与同事进行深入的教学交流，教师能够汲取不同学科、不同年级的教学经验，拓宽自己的教育视野。这种跨学科、跨年级的合作有助于形成更加丰富多彩的教育专业文化，提高学校整体的教学水平。

同事之间的协作互动有助于形成共同的教育理念。通过分享教学心得和实践经验，教师可以逐渐形成一致的教学理念，建立共同的价值观。这有助于形成学校统一的教育文化，促使整个学校在教育目标、教学方法等方面形成协调一致的态势。

同事之间的互动还在一定程度上缓解了教师工作中的孤独感。在日常教学实践中，教师可能会面临各种各样的挑战和难题，而通过与同事进行合作沟通，教师能够得到及时地支持和帮助，共同克服困难。这种相互支持的文化氛围有助于缓解教师的工作压力，提高整体的工作进度和满意度。

同事关系也为学校创造了一种积极向上的文化氛围。共同的教育文化和协作精神有助于形成团队合作的氛围，提高学校整体的凝聚力和创新能力。这种积极的文化氛围进一步激发了教师的工作热情，促使他们更加投入到教学实践中，为学校的长期发展打下坚实基础。

3. 学校领导

教师与学校领导之间的相互关系是教师文化生态中至关重要的一环。这种关系直接影响着教育机构的运作和氛围，塑造着整个学校的文化特征。学校领导的管理风格和对教育理念的引领在教师文化中具有深远的影响，因此教师需要在与学校领导的互动中理解并认同学校的核心价值观，以形成一种共同的学校文化，从而促进教育事业的有序发展。

学校领导的管理风格直接影响着教育机构的运作方式。不同的领导风格会在学校中形成不同的管理氛围，进而影响到教师的工作态度和效能。领导的激励方式、决策机制以及对教育事业的执着追求都在很大程度上影响着教师的教学动力和创新精神。因此，教师需要在与学校领导的互动中敏感地捕捉领导的管理理念，以更好地适应及参与到学校的管理体系中。

学校领导对教育理念的引领直接塑造了学校的教育方向。领导者的理念和目标愿景对学校的办学目标、课程设置以及教学方法等方面产生深远的影响。教师需要在这一过程中理解并认同学校的核心价值观，将个体的教育理念与学校的整体方向相契合，以确保教育事业朝着共同的目标迈进。

在与学校领导的互动中,教师参与共同构建学校文化。这一文化不仅包括了对教育理念的共识,还包括了对学校价值观、行为准则的认同。通过建立积极、合作的关系,教师能够更好地融入学校的文化氛围,形成一种共同的办学理念,促使整个学校实现有序、可持续地发展。

4. 社会文化

教师文化生态与更广泛的社会文化相互交织,这种交织关系深刻,影响着教师的专业认知和职业行为。社会文化的变迁和发展不断向教师提出新的挑战,同时为教育事业创造了新的机遇。在这个交织的过程中,教师需要不断关注社会的变革,与社会文化相互融合,以更好地引领学生适应社会发展的需要。

社会文化的不断变迁对教师的专业认知提出了挑战。新的价值观、社会观念以及技术手段的引入,都在一定程度上改变了教育的现状和面貌。教师需要时刻保持对社会文化的敏感度,理解和适应社会变迁带来的新理念和新要求。这要求教师不仅具备坚实的学科知识,还要具备对社会文化的深刻理解,以更好地引导学生在社会文化的变迁中实现自我成长。

在社会文化的交织中,教师的职业行为也受到了深远的影响。社会对教育的期望、对学生培养目标的变化,都直接塑造了教师的职业行为方式。教师需要更加灵活地应对社会文化的需求,调整教学策略,以更好地服务社会和培养具有社会适应力的学生。这要求教师具备跨学科、跨领域的综合素养,能够紧密结合学科知识和社会文化要求,推动教育事业与社会的互动共生。

同时,教师作为社会文化传承者,需要在自身专业领域保持前沿性。社会的科技、科学、文化等各个方面都在发生着深刻的变化,而教师需要不断更新自己的知识结构,紧跟社会文化的发展脚步。这要求教师具备自主学习和反思的能力,能够在社会文化的潮流中不断提升自己的专业素养,以更好地适应社会的需求,引领学生迈向未来。

(二)文化元素的相互影响和动态平衡

1. 信仰与教育理念

教师作为社会文化传承者,其个体内在的文化元素,包括信仰和价值观,与外部文化元素不断发生相互影响。教师的教育理念直接塑造了其对教育目标和方法的理解,同时也受到外部文化的塑造。这种相互影响促使教师在教育实践中实现自身的价值观,并不断调整与外部文化的平衡。

教师的信仰是其内在文化元素之一,深刻地影响着其教育理念和行为。信仰体现了个体对于生命、价值、伦理等方面的根本信仰体系,直接关系到教师对学生的人生观和价值观培养的关切。教师通过自身的信仰体系,引导学生形成积极向上的人生态度,培养其道德品质和社会责任感。教育理念在这一过程中成为信仰的具体体现,通过教学实践将信仰内涵融入学生的成长过程中,以达到全面培养学生的目标。

然而,教师的信仰和教育理念并非孤立存在的,而是与外部文化元素相互交织。外部文化，包括社会潮流、教育政策、学校文化等多方面因素，都对教师的信仰和教育理念产生着深刻的影响。社会的多元化和变革不仅挑战着教师个体的信仰系统，也要求教师在教育实践中更加开放、包容。同时，教育政策的调整和学校文化的塑造也对教师的教育理念提出新的要求，使教师需要不断调整与外部文化的平衡，保持个体价值观与整体社会文化的协调一致。

2. 文化认知与学科知识

教师文化生态的内涵涉及教师个体的文化认知和学科知识的相互影响，构建了一种动态平衡的关系。教师的文化认知直接影响其对学科知识的解读和传递方式，同时学科知识的更新也会对教师的文化认知产生深远影响，这种相互作用在教育实践中发挥着重要的作用。这种动态平衡要求教师不仅具备丰富的学科知识，还要在文化认知上保持开放和敏感的态度。

教师的文化认知是其思维方式、价值观、人际交往等方面的集成体现。这种认知模式直接影响着教师对学科知识的理解和传递方式。不同的文化认知背景会使教师对学科知识的理解呈现多样性，影响着他们在教育实践中对知识的讲解方式、教学方法以及对学生的引导方式。例如，某一文化中强调集体合作，教师可能更倾向于采用协作式学习方法；而在注重独立思考的文化中，教师可能更注重培养学生的个体思维能力。因此，教师的文化认知不仅是知识传递的媒介，更是影响着教育实践中的教学策略和方法选择的重要因素。

与此同时，学科知识的不断更新也在不断塑造和拓展教师的文化认知。新的学科理论、研究成果、教育方法等都在不断涌现，为教师提供了更新的认知模式和思考框架。这种更新不仅是知识的更新，更是对教育理念、教育目标等方面的更新。例如，新兴的跨学科研究成果可能引发对传统学科边界的重新思考，这种思考可能反过来影响教师对学科知识的认知方式，促使其在跨学科整合中更加开放和创新。

动态平衡的关键在于教师既要保持对学科知识的不断更新，同时要保持对文化认知的开放和敏感态度。在知识更新的过程中，教师需要不断学习新的学科知识，了解最新的研究成果和教育理念，以保持在专业领域的竞争力。与此同时，教师也需要在自身的文化认知上保持敏感性，了解社会的多元文化，尊重学生的文化差异，以更好地适应多样化的教育需求。

3. 教学方法与学生需求

在教学过程中，教师所选择的教学方法受到多重文化元素的影响，这包括个体的文化认知、学科知识以及学生的个体差异和个体需求。这种多元文化元素的交织构成了一个复杂而丰富的教学背景，要求教师在教学设计中综合考虑这些因素，以确保教学过程既符合学科规律，又满足学生的个体发展需求。

个体的文化认知对教学方法的选择产生深远影响。教师作为文化传承者，其个体的文化认知涵盖了思维方式、价值观念、人际交往等多个方面。这种文化认知直接影响着教师对于教学过程的理解和设计。不同文化背景的教师可能对教学方法有不同的偏好和侧重，例如，在强调集体合作的文化中，教师可能更倾向于采用小组合作学习；而在注重独立思考的文化中，教师可能更注重培养学生的个体思维能力。因此，教学方法的选择需要考虑到个体文化认知的多样性，使之更好地适应多元文化背景的学生群体。

学科知识作为教学的基石，也在影响教学方法的选择。不同学科有着各自的规律和特点，要求教师在教学设计中结合学科知识，选择恰当的教学方法。例如，在数学教学中，问题解决式的教学方法可能更为有效；而在语言教学中，情境式的教学法可能更有助于语言的实际运用。教师需要在教学方法的选择中理解学科知识的本质和特征，以确保教学过程既能传递学科知识，又能激发学生的学科兴趣和主动学习动机。

学生的个体差异和需求也是影响教学方法选择的重要因素。学生群体的多样性意味着教师需要面对不同程度、不同学科兴趣、不同学习方式的学生。因此，教师需要灵活运用多种教学方法，以满足学生的个体发展需求。例如，对于具有较高自主学习能力的学生，教师可以采用探究式学习；而对于需要更多指导和支持的学生，传统的直接教学方法可能更为合适。

教师文化的动态平衡的要求使教师在教学设计中需要有系统性地思考和综合考虑。教师需要通过不断了解学生的文化背景、学科知识需求和个体差异，来调整和优化教学方法，以创造一个既富有文化包容性，又具备学科深度的教学环境。这种综合性的教学设计有助于提高教学的适应性和有效性，促进学生在多元文化环境中全面发展。

第二节 教师文化生态模型与框架

一、模型构建要点

教师文化生态模型的构建旨在揭示个体内部文化元素和外部环境之间的结构关系，以全面理解和解释教师文化的形成和演变。该模型的关注点涵盖了个体、集体、教育机构和社会文化之间的复杂相互关系。在构建这一模型时，需要考虑下图中关键要点（图2-1）。

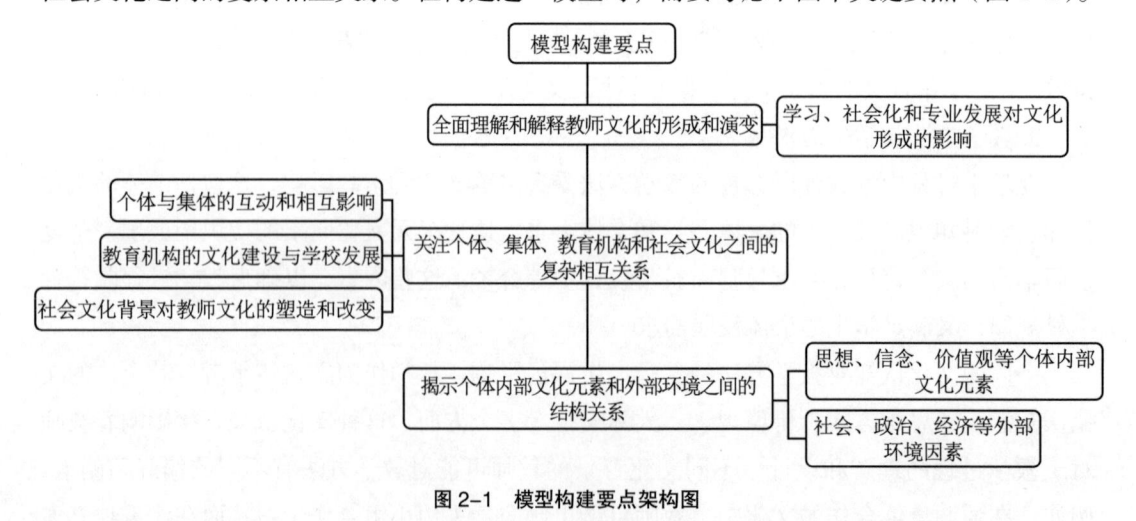

图2-1 模型构建要点架构图

（一）个体与集体之间的相互影响

1. 个体文化的重要性

在教师文化生态模型中，个体文化的重要性不可忽视，它被认为是塑造教师行为和认知的核心要素。个体文化涵盖了教师个体内在的信仰、价值观等深层文化因素，这些元素直接而深刻地影响教师的专业认知和具体行为方式。

个体文化作为一种内在的驱动力，承载着教师个体对于教育的理念和信仰。这包括对于教育目标的独特理解、对于学生的期望以及对于教学方法的偏好等方面。教师的信仰体系往往反映在他们的教学风格和职业态度中，成为其教育生涯的基石。

个体文化不仅是一种独立存在的元素，更是在集体环境中与他人文化相互作用的产物。在教育团队中，个体文化与集体文化交融，共同构建一个丰富多样、具有凝聚力的文化生态系统。个体文化的表达和融合在团队中形成共同的价值观和工作方式，促进教育机构内部的协同合作。

教师的专业认同和行为方式往往受到个体文化的引导和塑造。教师在面对各种挑战时，个体文化成为他们的指南，影响其对问题的看法、制订教学策略的取舍以及与学生互动的方式。因此，对个体文化的深入理解和有效引导不仅有助于教师个体的成长，也对整个教育体系的文化生态产生着深远的影响。

2. 个体与集体的协同合作

教师文化生态模型特别关注个体文化与集体文化之间的相互作用，强调教师作为个体在教育团队中的双重角色：既是知识的传递者，又是文化的传播者。这个关注点体现了协同合作在教育体系中的重要性，为个体与集体的文化互动提供了深刻的理解。

在教育团队中，个体与集体之间的协同合作不仅仅是任务分工和资源共享的问题，更是一种文化的共建过程。个体文化以其独特的信仰、价值观等内在元素融入团队文化中，与集体文化进行有机结合。通过共同的教学实践、对教育目标的共鸣以及对学生的共同期许，个体与集体的文化逐渐相互影响和融合。

教师个体通过集体协同合作，能够在团队中发挥自身独特的文化优势，同时从集体中获取文化的丰富营养。这种互动过程使教育团队不仅是一个任务执行的机构，更是一个充满文化活力的共同体。教育团队内部形成的共同文化特征，包括共享的教育理念、协同的工作方式等，构建了一个具有凝聚力的文化生态系统。

协同合作在教育体系中的重要性还体现在其对教育效果和学生发展的积极影响。通过个体与集体之间的深入互动，团队能够更好地应对多样性和复杂性，提供更全面、更贴近学生需求的教育服务。同时，协同合作也有助于形成积极向上的文化氛围，激发教师个体的工作激情，从而推动整个教育体系的不断创新和发展。

（二）教育机构对教师文化的塑造作用

1. 学校文化的重要性

学校文化在教育机构内部扮演着至关重要的角色，是一个深刻影响教师文化的关键要素。学校文化构建了教育机构的内部文化氛围,其中包含了核心价值观、教学理念等元素。在教师文化生态模型的构建中,学校文化被视为对教师文化产生深远影响的一个关键要素,其重要性体现在以下多个方面。

学校文化对教师的专业认同产生深远的塑造作用。学校文化中蕴含的核心价值观和教学理念往往成为教师在教育机构中行为和决策的基准。教师在学校文化的引导下形成对教育目标和教学方式的共识,建立起自己在教育体系中的专业认同。

学校文化对教师的职业价值观产生深远的塑造作用。学校文化所倡导的职业道德、教育使命等方面的理念,影响着教师对自身职业价值的理解和追求。通过学校文化的塑造,教师能够建立起对教育工作的独特职业价值观,形成对学生发展的责任感和使命感。

学校文化也通过潜在的激励机制,对教师的工作激情和投入程度产生积极影响的作用。如果学校文化注重创新、团队合作等方面,这将激发教师更积极地投入教学实践中。相反,若学校文化缺乏激励机制或者存在消极氛围,那么,可能对教师的工作积极性产生负面影响。

2.学校文化与个体教师的关系

学校文化与个体教师之间的关系是教师文化生态模型中一项至关重要的要素。学校文化中蕴含的核心理念、期望和价值观直接塑造并深刻影响个体教师的文化认知。这种相互作用不仅是教育机构内部文化的塑造,更是对个体教师在教育体系中的角色认知和行为方式的引导。

学校文化中的核心理念直接塑造了个体教师的教育观念。学校文化所强调的教学理念、课程设计等方面的核心理念,会直接影响到个体教师对于教育目标和教学方式的认知。个体教师在学校文化的引导下,形成对于学科发展方向、学生培养目标等方面的共识,进而在实际教学中贯彻学校所倡导的核心理念。

学校文化中的期望和价值观影响个体教师的职业行为。学校文化通常强调职业道德、教育使命等方面的价值观,这些价值观会渗透到个体教师的职业认同中。个体教师在学校文化的引导下,形成对教育事业的责任感和对学生成长的关切,这将在他们的职业行为中得以体现。

学校文化还形成了一种共同的学校文化,是教育机构内部教师团队协同合作的基础。个体教师在学校文化的共同引导下,形成了协作与共享的文化氛围,促使教师团队形成一种团结协作的工作态度,共同追求学校文化所设定的目标的实践。

(三)社会文化对教育体系的外部影响

1.社会文化的变迁与教育体系

社会文化的变迁对教育体系产生着深远而持续的影响,模型构建中需要深入研究社会文化对教育体系的影响机制,特别是通过教育政策和社会潮流等外部因素对教育机构和教师个体的直接塑造,构建起教师文化生态的外部影响框架。

社会文化的变迁通过教育政策的调整直接影响教育机构的结构和运作。教育政策作为社会文化的具体体现，其变化对教育体系的影响深远。政策导向的调整，如素质教育、创新能力培养等，直接塑造了教育机构的发展方向和运作模式。这种影响会在教育机构内部渗透，进而影响个体教师的教育观念和行为方式。

社会潮流的演变也对教育体系和教师文化产生重要影响。社会文化的演进往往随着价值观念、思想观念的变化，这在一定程度上会渗透到教育领域。例如，社会对于多元文化的重视、信息时代的快速发展等方面，都会对教育体系提出新的需求，教师需要不断适应这些社会潮流的变迁，调整其教育理念和教学方法，以更好地服务于学生的全面发展。

在模型构建中，需要考虑社会文化的变迁如何通过这些外部因素直接影响教育机构内部的文化生态。教育机构和教师个体作为教育体系的重要组成部分，其文化特征往往受制于社会文化的大环境影响。教师需要在面对社会文化的变迁时，需要灵活调整自身的教育理念和职业行为，以更好地适应社会的发展需求。

2.教育政策与社会文化

教育政策在很大程度上反映了社会文化的核心价值观和发展方向，模型的详细探讨应聚焦于教育政策如何在实践中体现社会文化的重要元素。教育政策对教育目标的设定是社会文化影响的重要体现。政策中所强调的素质教育、创新能力培养等目标直接反映了社会对于人才培养方向的期望，体现了社会文化对于教育的核心价值观。这些目标的设定会引导教育机构在实际运作中更注重学生全面发展，与社会文化保持一致。

同时，教育政策在规划教学内容时也受到社会文化的深刻影响。政策对于课程设置、教学方法的规范往往体现了社会对于知识结构和学科发展方向的认知。例如，在信息时代，政策可能更加强调STEM教育、信息技术等领域，以适应社会的科技进步和经济需求。这种规划直接塑造了教育机构内部的文化氛围，也影响了个体教师的教学理念和方法。

教育政策如何通过教育机构传授到个体教师是模型中需要深入研究的一个关键环节。教育机构在贯彻政策时扮演了桥梁的角色，通过组织培训、制订具体操作指南等方式，将政策的理念和要求传达给个体教师。这一过程中，教育机构的文化特征和领导风格也会影响着政策在实践中的贯彻执行。同时，个体教师的专业认同和理念也在这一过程中得到塑造，形成一种与社会文化一致的教育观念。

（四）动态调整机制

1.个体文化的更新与调整

个体文化的更新与调整是一个动态的过程，受到个体在职业发展和生活经历中的多方面因素的影响。个体在职业的不同阶段会经历不同的专业培训、教育研讨会等学习机会，这些机会为个体提供了新的知识和观念，促使其个体文化得以更新。例如，在教学方法、教育理念等方面的新理念的学习，可能引领个体调整其原有的文化认知，使其更加符合当前教育发展的潮流。

此外，个体的生活经历也是影响个体文化更新的重要因素。个体通过社交、家庭生活等多方面体验社会文化，这些经历会对其原有的文化观念进行挑战和调整。例如，个体教师可能在与学生互动中获得新的认知，进而更新对于学生需求和发展的理解。这种从生活中获取的经验对于教师个体的文化认知调整具有深远影响。

个体教师在专业发展过程中也可能面临挑战和困惑，需要不断调整其文化观念以适应新的教育环境。在教育体系的变革中，可能涌现出新的教学方法、教育理念，个体教师需要通过与同事的深入交流、参与专业发展活动等方式，不断更新自己的文化认知，以提升自身的专业水平。

模型应该深入研究这一更新与调整的机制，包括在个体发展不同阶段的教育体系中，如何通过培训、研讨会等方式为个体提供更新文化的机会，以及在个体的生活经历中，如何通过社交、家庭等途径促使其文化观念的动态调整。这一机制的有效运作有助于确保个体文化与教育体系的发展保持一致，为教师的专业发展提供有力的支持。

2.集体文化的协同学习

集体文化通过协同学习成为一个充满活力的团队文化的重要途径。协同学习不仅促进了团队内部成员之间的相互合作，还为整个集体文化注入了新的动力和创新。协同学习提供了一个开放的平台，使团队成员能够分享各自的教学经验、专业见解和教育理念。通过共同探讨和交流，团队成员能够吸取彼此的经验和知识，促进集体文化的不断丰富和发展，提高团队的教育水平。

协同学习还鼓励团队成员在教学实践中尝试新的教学方法和创新理念。团队成员可以共同研究并应用最新的教育技术、教学策略等，从而推动集体文化的更新和提升。这种共同尝试和实践的过程有助于激发团队成员的创造力，形成一种富有活力的集体文化。

协同学习还强调了团队成员之间的互动与互助。通过共同参与学习活动，团队成员能够建立更加紧密的关系，增强团队凝聚力。团队成员的相互支持与合作使集体文化更具有包容性和团结性，从而更好地适应和引领教育体系的发展。

在模型中，协同学习应该被明确地视为集体文化中的一项重要活动，它不仅是知识传递的途径，更是集体文化不断发展的源泉。通过深入研究协同学习在集体文化中的作用和机制，模型能够更全面地揭示集体文化的动态特征和适应性。这有助于为教师团队提供更加有效的文化发展策略，从而推动整个教育体系朝着更为健康和创新的方向发展。

3.学校文化的反馈机制

学校文化的评估和反馈机制是确保其与整体教育生态协调发展的关键。学校文化作为教育机构内部的文化特征，需要不断审视和调整，以适应教育体系内外的变化。在模型中，学校文化的反馈机制可以被理解为一种自我监测和调整的系统，其主要包括以下两方面：

一方面，学校文化需要建立有效的评估指标和机制。这包括对学校核心价值观、教学理念、师生关系等方面的评估标准，以确保评估的全面性和准确性。这些评估指标应该具有一定的客观性和可操作性，能够真实反映学校文化的实际状况。

学校文化的评估需要定期进行，形成一种循环反复的反馈机制。通过定期的自身评估，学校能够识别当下存在的问题、不足之处，并及时采取有效的措施进行调整和改进。这种循环的反馈机制有助于学校文化保持灵活性，能够适应外部环境和教育体系的变化。

另一方面，学校文化的评估还需要考虑外部参与评估的机制。引入外部专业机构或独立评估团队进行第三方评估，能够提供客观的、非内部主观看法的评价，增加评估的客观性和公正性。

评估结果需要被有效地传达给学校内部的相关利益者，包括学校领导、教师团队、学生家长等。透明的信息传递有助于形成共识，引导整个学校共同努力，推动学校文化的不断发展和优化。

4.社会文化的引领作用

社会文化的引领作用在教育体系中具有关键性的影响，通过对社会变革的关注和适应，它推动着教育机构和教师个体更好地迎接未来的挑战。在教育体系的生态系统中，社会文化的引领作用体现在以下几个方面：

第一，社会文化的价值观和理念对教育政策的制定产生直接影响。随着社会的不断发展和进步，社会文化中的核心价值观、人才培养理念等逐渐演变，反映在教育政策中。这种变革引领了教育体系的发展方向，推动了教育机构对于学科结构、教学方法、评价体系等方面的调整。

第二，社会文化的多元性促使教育机构在文化多样性的背景下更加灵活地开展教育工作。全球化、信息化等社会文化的变革使教育体系需要更广泛、更深入地关注跨文化、跨国际的合作与交流。教育机构的开放性和包容性在社会文化引领下逐渐增强，以更好地服务不同文化背景的学生。

第三，社会文化对科技发展和教育创新提供了有力的支持。随着科技的进步，社会文化在推动信息技术在教育中的应用、在线学习平台的兴起等方面发挥了积极的引领作用。教育机构在社会文化的推动下更愿意采用先进技术，以提升教学质量和适应学生的学习需求。

第四，社会文化引领下的教育体系更注重培养学生的综合素养。社会文化的价值观强调创新、创造力、社会责任等方面的素养，这直接影响到教育机构对学生培养目标的设定和实施。学校在教育教学中更加注重培养学生的批判性思维、团队协作能力以及跨学科的综合素养，以适应未来社会文化的需求。

二、框架元素概述

教师文化生态框架主要由四个元素构成（图 2-2）。

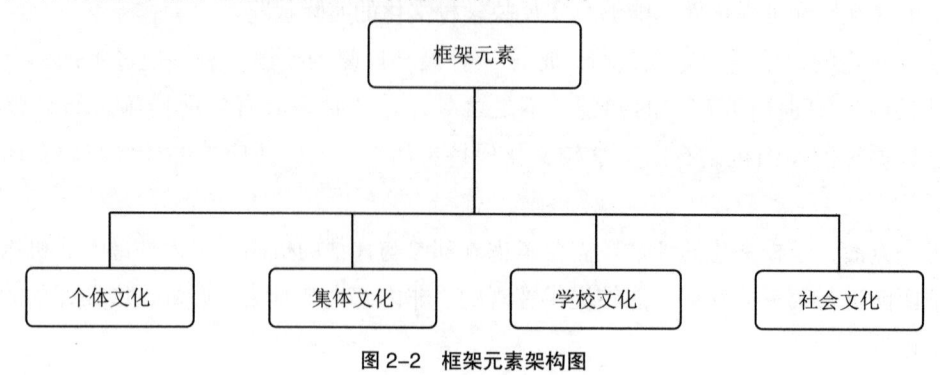

```
            框架元素
    ┌─────┬─────┬─────┐
  个体文化  集体文化  学校文化  社会文化
```

图 2-2　框架元素架构图

（一）个体文化

在教师文化生态框架中，个体文化被视为塑造教师行为和认知的核心要素。个体文化包括教师个体内在的信仰、价值观等文化因素，这些文化因素直接影响着教师的专业认同和行为方式。个体文化在框架中占据着核心位置，通过以下几个方面展现其重要性：

1.信仰和教育观念的影响

个体文化在教师文化生态中扮演着关键的角色，其中信仰体系和教育观念是其重要组成部分。教师的信仰和教育观念源自其内在的文化元素，对于教育实践和专业行为产生深远而独特的影响。

个体文化通过信仰体系塑造了教师的价值观和信仰取向。教师的信仰不仅是宗教信仰，还包括对教育事业的信仰、对学生潜能的信仰等。这种信仰体系成为教师行为和决策的内在动力，引导其在教育过程中秉持着特定的原则和道德准则。

教育观念作为个体文化的一部分，直接塑造了教师对教育的理解和实践方式。不同的教育观念会影响教师对学生的期望、对教学方法的选择以及对学科知识的解读。例如，强调学生主体性的教育观念可能会导致教师更注重启发式教学和个性化辅导，强调传统权威性的教育观念可能会倾向于采用讲授式教学和规范化评估。

个体文化的这些方面相互交织，使每位教师在教育实践中表现出独有的特征。因信仰和教育观念的独特性，每位教师都在教育过程中注入了个人的情感、态度和理念，使教师文化生态更加丰富和多元。这种个体文化的独特性不仅影响了教育机构内的文化氛围，也对学生的成长和发展产生着深远的影响。

2.专业认同和行为方式

个体文化在教师文化生态中对专业认同和行为方式产生着深远的影响。教师的专业认同是其对自己职业身份和责任的理解，而行为方式则是在教育实践中具体表现出的行为和决策方式。

个体文化通过塑造教师的专业认同，影响其在教育领域的角色认知。教师的专业认同是建立在其个体文化基础上的，其中包括信仰体系、教育观念等认同要素。例如，一位教师可能因为对学生的深刻关爱和对知识传授的热忱而形成教育使命感，从而认同自己是学生引导者和知识传授者。这种专业认同将直接影响教师在教育实践中的目标设定、行为准则和职业态度。

个体文化也在很大程度上决定了教师的行为方式。教师在教学策略、沟通方式、学科知识的传递等方面的表现都受到其内在文化元素的深远影响。例如，一个注重学生参与和合作的教师可能将这种协作精神融入教学设计中，采用小组讨论、项目合作等方式，以促进学生全面发展。相反，另一位注重纪律和传统教育价值观的教师可能更倾向于采用传统讲授式教学，注重纪律管理，则忽视学生的发展。

3.动态性和更新机制

个体文化的动态性是教师文化生态框架中的重要特征。个体文化并非静止不变的，而是会随着教师在职业发展和生活经历中的积累而发生动态变化。这种动态性使得个体文化能够适应不同阶段的个体发展、教育体系的变革以及社会文化的演变。

个体文化的动态性表现在教师在职业发展过程中的不断积累和学习。随着教师不断获得新的教育经验、参与专业培训、深化学科知识，其个体文化得以不断丰富和更新。例如，一位初入职场的教师可能在实践中逐渐明确自己的教育信仰和教学风格，而随着职业经验的积累，这位教师的个体文化也会逐步丰富和深化。

生活经历和社会变革对个体文化的影响促使个体文化具有更新的机制。教师在日常生活中所经历的事件、社会文化的变迁等都会对其个体文化认知产生影响。例如，社会上对多元文化教育的强调可能使教师更加关注学生的个体差异和多元发展，从而调整自己的教育观念。

（二）集体文化

框架中关注于个体文化与集体文化之间的相互作用。教师作为个体在教育团队中不仅是知识的传递者，更是文化的传播者。通过协同合作，个体与集体的文化得以相互影响和融合，共同构建出一个具有特色和凝聚力的文化生态系统。

1.协同合作的重要性

集体文化中协同合作的重要性不可忽视，它是保持团队文化活力和促进团队共同成长的关键因素。协同合作不仅体现在教师之间的相互影响，更包括了共同构建和分享教育文化的过程，对集体文化的形成和发展产生深远的影响。

协同合作强调了教师之间的相互影响。在一个紧密合作的团队中，教师们能够分享彼此的教育理念、教学经验以及专业见解。这种相互交流和启发推动了集体文化的不断丰富和深化。例如，一位教师通过与同事分享先进的教学方法，可以激发其他教师尝试新的教育策略，从而影响整个团队的教育文化。

协同合作通过共同的教育文化促进了团队的共同成长。团队成员在协同合作中共同塑造和践行一种共有的教育理念和价值观，形成了集体文化的核心。这种共同的文化氛围有助于团队成员更好地理解和支持彼此,形成了一种团结的教育力量。例如,教师团队共同探讨教学目标、分享成功经验,有助于集体文化的形成,推动整个团队在教育事业中共同成长。

2.共享文化的建构

共享文化的建构是集体文化形成的基石,通过教师团队成员之间的共享经验、教学理念等,形成了一种共同的文化认知。这种共享文化不仅影响了整个团队的文化氛围,还提升了团队的效能和协同合作水平。

共享文化通过经验和教学理念的共享形成了共同的文化认知。在教育团队中,教师们经常通过分享自己的教学经验、成功案例以及教育理念来与团队成员交流。这种共享不仅促进了教师们对各自经验和观点的互通,也使整个团队形成对教育事业的共同认知。例如,一位教师通过分享在课堂上成功应用的教学方法,不仅传递了实用型的经验,也影响了其他团队成员的教育观念。

共享文化对团队的文化氛围产生深远影响。通过共享文化的建构,教育团队形成了一种开放式、合作式的文化氛围。教师们愿意分享自己的教学资源、创新理念,使整个团队更加积极向上,形成了一种相互信任和支持的文化氛围。这种积极的文化氛围会进一步促进教师之间更深层次的协同合作。

（三）学校文化

学校文化被看作是教育机构对教师文化产生深远影响的一个关键要素。学校文化塑造了教师的专业认同和职业价值观。

1.学校文化对教师的塑造作用

学校文化在教育机构中扮演着至关重要的角色,其核心理念和期望直接塑造了教师的教育观念和职业行为。学校文化的影响力深远而广泛,对个体教师的文化认知产生深刻影响,并在其中扮演着引导和定位的重要角色。

学校文化通过核心理念的传递影响着个体教师的文化认知。学校文化中的核心理念涵盖了教育目标、价值观念、教学理念等方面,这些理念在不断地交流和传递中深刻影响着个体教师。例如,如果学校强调学生全面发展,个体教师在这一理念的引导下将更加注重培养学生的多方面能力,形成共同的教育理念。

学校文化在教师的角色定位中发挥关键作用。学校文化会规定教师在教育机构中的责任、期望和行为准则,进而塑造了教师的职业行为。例如,如果学校倡导开放式的沟通和协作,个体教师在这一文化氛围中更容易与同事合作,共同推动教育事业的发展。

在框架中,深入剖析学校文化对个体教师的文化认知和角色定位的影响机制,有助于更全面地理解教师文化生态系统的内在关系。这种深度分析有助于揭示学校文化在整个教师文化生态中的重要作用,为构建更加健康和有活力的教育环境提供理论指导。

2.文化氛围对教育环境的影响

学校文化对教育机构内部的文化氛围产生深远影响,通过塑造教育环境,包括教学氛围和学术氛围等方面,对整体教育体验和发展方向产生关键性作用。

学校文化直接影响教学氛围的营造。学校文化中的理念、价值观和期望形成了一种共同的教育信仰,这种信仰通过教育机构内部的传递和践行,传递给教师渗透教学活动中。例如,如果学校强调创新和启发式教学,教学氛围将更加注重激发学生的创造力和思维深度,形成积极向上的学术氛围。

学校文化对学术氛围的形成有着重要的引导作用。学校文化中所倡导的学术理念和研究价值观在教育机构内形成了一种共享的认知基础,这直接影响着师生在学术方面的行为和期望。例如,学校注重研究导向的教学,教师将更倾向于在教学中融入前沿的学术研究成果,促使学生形成批判性思维和独立研究的能力。

在框架中,深入分析学校文化对教学和学术氛围的塑造,有助于更好地理解学校文化在教育机构内的全面影响。这种影响不仅体现在具体的教学活动中,也渗透到整个学术氛围,对培养学生的综合素养和教师的专业发展方向起到了至关重要的作用。

(四)社会文化

在框架中,社会文化作为一个外部因素,通过教育政策、社会潮流等方面因素对个体教师和教育机构产生影响,形成更广泛的教师文化生态。

1. 外部影响机制

社会文化通过多种外部影响机制对教育体系产生深远的影响,其中包括教育政策、社会潮流等因素。这些外部影响机制是教育体系与社会文化相互作用的重要桥梁,直接塑造了教育机构和个体教师的发展方向与行为模式。

社会文化通过制定教育政策对教育体系产生直接引导作用。教育政策是社会文化的体现,通过政策的设定,社会文化传递对教育目标、价值观念等方面的期望。例如,一国政府若强调STEM教育,教育体系就会受到政策引导,加强相关学科的教学和研究,反映社会对未来人才需求的关切。

社会潮流对教育体系的影响体现在更广泛的社会文化风向。随着社会的不断发展和进步,一些社会潮流如多元文化主义、可持续发展等观念逐渐成为主流,也在教育体系中得以体现。教育机构和个体教师在适应这些社会潮流时,会相应调整教育理念和教育实践,以更好地契合社会的期许。

2. 社会变革对教育体系的挑战

社会文化的变迁对整个教育体系带来了深刻的影响,不仅塑造了教育机构的发展方向,也对教师个体的专业行为和认知提出了新的挑战。在当前框架下,强调社会文化如何引领教育体系更好地适应未来挑战成为关键,以确保教育机构和教师个体能够有效地适应和引领时代的发展。

社会文化的快速变革带来了新兴技术和知识的迅速涌现,这对教育体系提出了前所未有的挑战。教育机构需要及时调整课程设置,融入新兴科技和跨学科知识,以培养适应未来社会需求的学生。教师个体需要不断更新自身的学科知识和教学方法,以更好地引导学生面对信息时代的挑战。

　　社会文化的多元化和全球化趋势使教育体系面临更大的文化差异和国际竞争。教育机构需要通过跨文化的教育理念和实践来培养具有全球视野的人才。教师需要更好地理解和尊重不同文化背景的学生，提供更具包容性的教育环境，以促进学生的全面发展。

　　社会文化的价值观和伦理观念的演进也对教育体系提出了新的道德和社会责任的考验。教育机构需要强化道德教育，培养学生的社会责任感和公民意识。教师在教学实践中应该成为道德榜样，引导学生树立正确的价值观，以更好地适应和引领社会的价值变革。

第三节　影响教师文化生态的因素分析

　　影响教师文化生态的因素有很多，以下是一些常见的因素（图 2-3）。

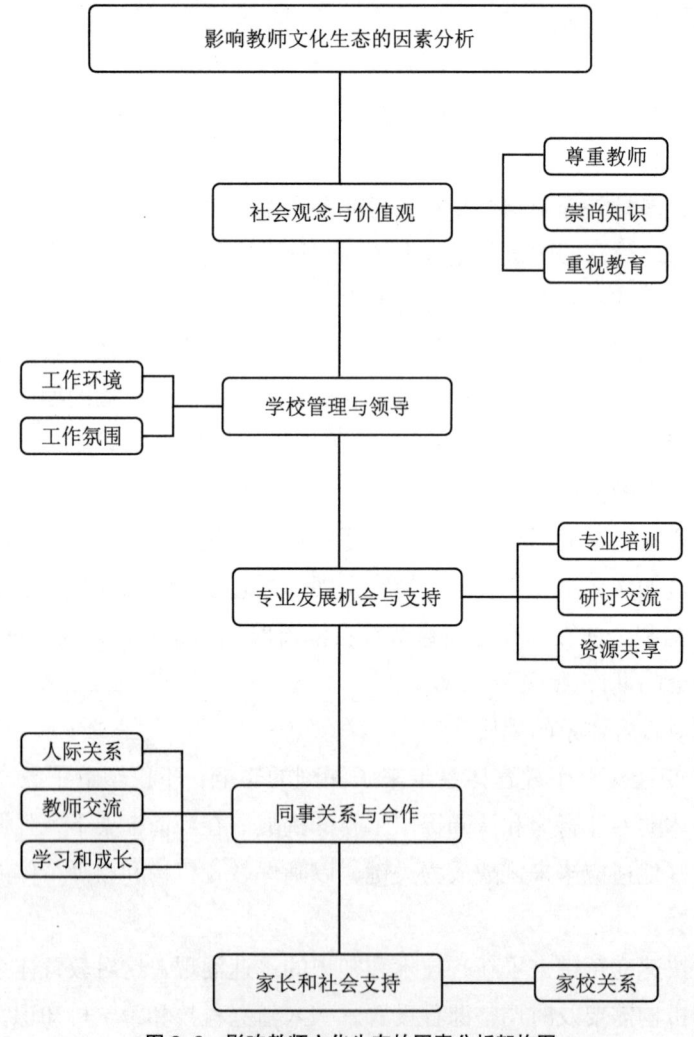

图 2-3　影响教师文化生态的因素分析架构图

一、社会观念与价值观

（一）教育观念对教师文化生态的影响

1. 崇尚知识的社会观念

社会对知识的崇尚有助于形成教师文化生态中的学术氛围。当社会将知识视为宝贵的财富时，教育者的角色就更受到重视。这种崇尚知识的观念会激发教师不断追求专业知识的动力，进而推动其在教学实践中不断创新，形成具有学术价值的教育文化。

2. 重视教育的社会观念

社会对教育的重视程度直接影响着教育资源的分配和社会投入。当社会将教育视为国家发展的关键因素时，教育体系将得到更多地支持和关注。这种重视教育的社会观念将为教师提供更多的资源和发展机会，同时也会影响到教育政策的制定，进而塑造教师文化生态。

（二）教育政策对教师文化的影响

1. 政策的激励性对教师动力的影响

教育政策的激励性是指教育政策是否能够有效地激发教师的积极性和创造性。当政策明确、合理，并提供一定的奖励机制时，教师会更有动力投入到教学和专业发展中。这种激励性政策有助于形成教师文化生态中积极向上的氛围，促使教师不断提升自己的教育水平。

2. 政策的不确定性与不合理性对教师情绪的影响

政策的不确定性和不合理性可能导致教师的困惑和不满。当政策频繁变动或者不符合实际教学需求时，教师容易感到工作的不确定性，影响其稳定性和职业满意度。因此，教育政策的合理性和稳定性对于维护教师文化生态的稳定性起着至关重要的作用。

3. 政策对职业发展方向的引导

教育政策的制定直接影响到教师的职业发展方向。例如，一些政策可能鼓励教师参与专业培训、科研项目，从而提高其职业水平。合理、完善的政策还可以推动教育体系朝着创新、开放的方向发展，引导教师在文化生态中展现更积极的创造力。

二、学校管理与领导

（一）领导风格对文化的塑造

1. 民主、开放的领导风格

在学校管理与领导中，领导的风格对教师文化生态的塑造至关重要。民主、开放的领导风格有助于建立积极向上、互助合作的文化氛围。

（1）鼓励教师参与决策过程

民主的领导风格倡导员工参与决策，使教师在学校事务中感到被重视。通过教师的参与，可以形成更具共识和共鸣的文化氛围，激发教师的工作热情和提高教师的责任心。

（2）建立开放的沟通渠道

开放的领导风格促进领导与教师之间的有效沟通。领导应当建立起多层次、多方向的沟通渠道，使信息能够畅通无阻，有助于减少信息失真和误解等问题，从而培养出相互理解和信任的文化氛围。

（3）促进团队合作与共享

民主、开放的领导风格能够激发团队合作的精神，倡导知识和资源的共享。通过建立共同的价值观和目标感，领导可以塑造一种团结协作的文化，提高团队整体工作效能，促进学校的良性发展。

2.专断、高压的领导方式

专断、高压的领导方式可能导致教师抵触情绪，阻碍文化的健康发展。

（1）制订单一决策

专断的领导风格通常表现为领导者单独做出决策，不充分听取教师的意见。这种方式容易导致教师感到被忽视，降低其积极性，从而影响整体文化氛围的建设。

（2）施加过多的压力

施加过多的工作压力，可能导致教师心理负担加重，工作满意度降低。这种领导方式可能会引发教师的抵触情绪，形成一种消极的工作氛围，不利于学校文化的积极发展。

（二）管理机制对文化的支持

1.良好的管理机制提供资源与支持

在学校管理中，良好管理机制对文化的支持至关重要。良好的管理机制能够为教师提供所需的资源和支持，推动教育事业的健康发展体现在以下几个方面。

（1）透明的决策过程

透明的决策过程是建立积极文化的基础。当教师了解到决策的过程是公开、公正的，他们更容易理解和接受学校的各项决策，从而认同决策形成一种共同努力的文化。

（2）有效的沟通机制

管理机制需要建立起有效的沟通机制，确保信息的及时传递和反馈。这有助于减少误解和不满，使教师对学校管理更有信心，为文化的形成提供了坚实的基础。

2.管理机制的不完善影响文化氛围

管理机制的不完善可能导致教师对工作环境的不满，影响整体文化氛围的形成。

（1）资源分配不公平

管理机制若未能公平地分配资源，可能导致教师之间的不满和竞争，影响到团队协作的积极性，阻碍文化生态的建设。

（2）决策信息不透明

若决策信息不透明，教师可能对学校管理的决策产生疑虑和不信任。这种情况下，文化生态难以建立在相互理解和信任的基础之上，影响学校整体氛围的健康发展。

三、专业发展机会与支持

（一）专业培训对文化的促进

1. 提升教学水平的重要途径

专业培训是教师提升教学水平的有效途径。通过参与系统化、有针对性的专业培训课程，教师能够更新教育理念、学习最新的教学方法和技术，从而提高自身的专业素养，为学科知识的传授提供更多元化的方式。

2. 激发工作动力与职业满足感

专业培训不仅关注于知识和技能的提升，还需涉及教师的职业发展规划。通过培训，教师能够更清晰地了解自身的职业发展路径，增加职业发展的方向感，激发工作动力，提高职业满足感。

3. 培养专业共同体的文化意识

专业培训有助于形成专业共同体，促进教师之间的交流与合作。共同参与培训的教师们可能会形成共同的价值观和专业文化，从而加强团队凝聚力，构建积极向上的文化生态。

（二）研讨交流与资源共享的重要性

1. 教师之间的研讨交流

（1）促进学科知识的深度研究

研讨交流是促进学科知识深度研究的关键环节。通过与同行分享教学心得、经验，教师可以汲取他人的智慧，拓宽自己的教学视野，提高对学科知识的理解深度。

（2）促使教学方法的创新

通过培训中的研讨交流，教师能够了解到不同的教学方法和策略。这种知识的交流与分享有助于教师更灵活地运用各种教学方法，推动教学的创新，形成积极的教育文化。

2. 资源共享的意义

（1）共建资源共享平台

资源共享是通过建立共同的平台，将各种教学资源集中起来，方便教师获取。这种共建共享平台的资源不仅包括教案、教材，还可以涉及多媒体教学资源、课外拓展材料等多个方面，从而为教学提供更多的支持。

（2）推动团队协作与共同进步

资源共享不仅满足个体教师的需求，更有助于团队协作。通过共享优秀的教学资源，教师之间的合作得以促进，共同进步的氛围逐渐形成，推动整个团队的教学水平不断提升。

四、同事关系与合作

（一）和谐人际关系的促进作用

1. 建立亲密的同事关系

在教师文化生态中，建立和谐的人际关系是促进积极文化氛围的重要因素。通过建立亲密、支持性的同事关系，教师能够在工作中感受到关心与支持，增强工作的幸福感和满意度。

2.促进心理健康与团队凝聚力

和谐的人际关系有助于促进教师的心理健康。在一个互相支持、相互理解的团队中，教师更容易应对工作中的挑战，减轻工作中的压力，同时也提高了团队的凝聚力，形成更加有活力的文化生态。

3.建立相互信任与协作的基础

和谐的人际关系建立在相互信任的基础上。在这样的关系中，教师更愿意分享经验、提供帮助，形成积极的协作氛围，推动整个团队向共同目标迈进。

（二）团队建设与共同目标的重要性

1.团队建设的必要性

（1）明确共同的工作目标

团队建设的关键在于明确共同的工作目标。通过共同制定目标，教师能够更清晰地认识到各自在团队中的角色和责任，从而形成更加紧密的合作关系，推动团队朝着共同目标努力。

（2）提高团队协作的默契度

通过团队建设，教师之间的默契度得以提高。团队成员在共同目标的引导下，更容易协同合作，形成高效的工作模式。这有助于提高整体的工作效率，为文化生态的形成创造更有利的条件。

2.共同目标的重要性

（1）增强教师合作的紧密程度

共同目标是团队合作的动力源泉。当教师们共同朝着一个明确的目标努力时，个体的努力和付出在团队中将更加明显，增强了团队合作的紧密程度。这有助于形成更加积极向上、奋发向前的文化氛围。

（2）激发教师的责任心与使命感

共同目标不仅是工作任务的完成，更是对教育事业的共同使命。共同的目标能够激发教师的责任心和使命感，使其更加积极投入工作中，从而推动整个文化生态向更高水平迈进。

五、家长和社会支持

（一）家校关系对教师文化的影响

1.缓解教育压力

家校关系的良好建立有助于缓解教育压力。当教师与家长之间建立了良好的沟通与合作关系时，能够更加有效地了解学生的情况、家庭背景等因素，从而更好地制定教学策略，减轻教育工作的负担，提高工作满意度。

2. 提升教育效果

家长的积极支持是学生学业成功的关键因素之一。当家庭与学校共同合作，家长能够更好地参与到学生的教育中，促进学生的良好发展。这种支持不仅对学生是有利的，也能为教师提供更有利的教育环境，增强教育事业的成就感。

3. 创造良好的教育氛围

良好的家校关系有助于创造积极向上的教育氛围。当学生、家长和教师之间形成紧密的互动和合作关系时，整个学校就能够形成一种团结协作的文化氛围，为教师提供更加愉悦的、更加轻松的工作环境。

（二）社会对教育的认可与支持

1. 提高教师专业认同感

社会的认可与支持对教师的专业认同感具有深远的影响，成为构建教师文化生态中不可或缺的关键因素。当社会高度重视并认可教育事业时，这种肯定和支持能够渗透到教师的内心深处，激发其更强烈的职业自豪感。在这样的社会背景下，教师不仅是一名从事教育工作的个体，更是社会进步和文化传承的关键推动者。

这种高度的社会认可不仅是对教育工作的形式性承认，更是对教育者所具备的专业素养和影响力的深刻认同。教师因其专业文化背景、教学经验和对学生的关怀受到社会的尊重和认同。这样的认同感使教师更加自信，对自身的专业价值有更清晰地认知。自豪地从事教育工作成为一种对社会责任的履行，也成为对自身专业素养的追求。

在这样的社会氛围中，教师对自己的工作产生更深层次的认同感。他们意识到自己所从事的教育工作不仅是一份职业，更是对社会的贡献和责任的履行。这种专业认同感使教师在面对工作中的挑战时更富有耐心和责任心，积极投入学生的教育中。教育工作不再仅是一份谋生的手段，更成为实现人生价值和社会价值的重要途径。

专业认同感的提升也直接影响了教师的工作满意度。当教师对自己的专业价值有了更为清晰地认知，感受到社会的认可和支持时，工作变得更有成就感。这种成就感来自对学生的教育成果、对社会的贡献以及自身在专业领域的不断进步。工作满意度的提升不仅能够促使教师更积极地投入工作，还能够有效减轻工作压力，提高工作效率。

2. 创造更广阔的发展空间

社会的认可与支持不仅在心理层面上提高了教师的专业认同感，更在实质性层面上创造了更广阔的发展空间。教师因得到社会的认可而获得更多的机会，这不仅对个体教师的职业发展有积极影响，也为整个教育系统注入更为优秀的人才，推动着教育事业的不断提升。

社会认可为教师提供了更广泛的职业发展渠道。在受到社会关注的教师往往更容易融入学术界、教育研究等领域。他们被邀请参与各类学术研讨会、教育交流活动，从而有机会与同行深入交流，分享教学心得和研究成果。这种学术交流不仅促进了个体教师专业水平的提升，也为教育系统引入了更多创新的理念和方法。

受到社会认可的教育者更容易获得各类专业培训和进修的机会。学术机构、行业组织等通常愿意为备受认可的教师提供更多资源和支持，包括资金、研究项目、课题资助等方面。这不仅为教师提供了丰富的学习机会，也帮助他们更好地应对教育领域不断变化的挑战，保持在专业领域中的领先地位。

社会的认可与支持也为教育者创造了更多的晋升机会。备受社会尊重的教育者更容易在学校管理层或教育机构中担任重要职务。这种领导角色不仅使教师个体在职业生涯中取得更大的影响力，也能够为整个教育体系带来更为稳健的领导力，推动学校或机构的长足发展。

更为广阔的发展空间意味着教育者在职业生涯中能够不断挑战自我、追求卓越。他们有机会参与到更广泛的教育改革和创新中，为教育体系的不断发展贡献力量。这种积极的循环助力教育体系逐步形成更为完善、富有活力的文化生态。

3. 为教师文化生态的形成提供基础

社会的认可与支持是构建积极向上的教师文化生态的基石。当教师深刻感受到社会对其辛勤工作的认可与充分的支持时，一种强烈的使命感和责任感在其心中萌芽，推动着他们更加积极地投身于教育事业中，为整个学校文化的健康发展奠定坚实的基础。

社会认可与支持的重要性在于它们不仅是表面上的口头夸奖或形式化的奖励，更是一种深层次的认同，是对教师所付出努力的肯定。这种认同不仅来自学生和家长的口碑，更源自社会以网络、媒体等方式对教育事业的高度重视。教师在这种认同中感受到自己是社会建设的重要组成部分，这种角色认同促使他们更加投入，为学生提供更优质的教育服务。

教师在得到社会认可与支持的过程中，培养了一种强烈的职业自豪感。这种自豪感不仅来于个体教师对自己专业能力的自信，更体现在对整个教育事业的自豪。社会的认可使教师将自己视为社会责任的承担者，从而形成了积极向上的工作态度，不仅关注于学生的学业成绩，更注重培养学生的综合素养。

这种社会认可与支持构建了一种良性的互动关系，使教师更愿意追求卓越，不断提升自己的教学水平。在这样的文化氛围中，教师之间将建立互相学习、共同进步的合作机制，推动整个学校形成了积极向上、充满创造力的教育文化。

第三章 新时代教师职业文化与教育环境

第一节 教师职业文化的特点与价值观

教师职业文化的特点与价值观有以下几个方面（图3-1）。

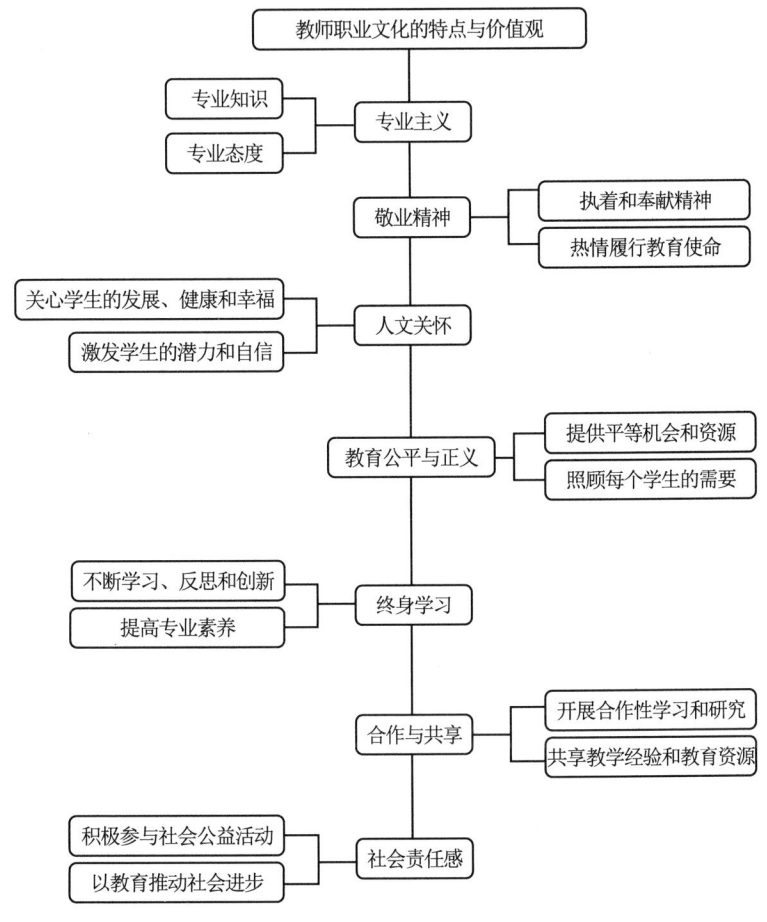

```
                        教师职业文化的特点与价值观
                                │
        专业知识 ──┐                
                  ├── 专业主义
        专业态度 ──┘                
                                │
                                ├── 敬业精神 ──┬── 执着和奉献精神
                                │              └── 热情履行教育使命
                                │
        关心学生的发展、健康和幸福 ──┐
                                    ├── 人文关怀
        激发学生的潜力和自信 ────────┘
                                │
                                ├── 教育公平与正义 ──┬── 提供平等机会和资源
                                │                    └── 照顾每个学生的需要
                                │
        不断学习、反思和创新 ──┐
                              ├── 终身学习
        提高专业素养 ──────────┘
                                │
                                ├── 合作与共享 ──┬── 开展合作性学习和研究
                                │                └── 共享教学经验和教育资源
                                │
        积极参与社会公益活动 ──┐
                              ├── 社会责任感
        以教育推动社会进步 ────┘
```

图 3-1 教师职业文化的特点与价值观架构图

一、专业主义

（一）专业性的内涵

专业主义是教师职业文化的核心特点之一，其内涵包括广泛而深刻的专业知识、对教育理论和心理学理论的了解、教师的知识水平、教育技能，以及专业态度。这些方面共同构成了教师在专业领域中的全面素养，为其在教育事业中的成功发挥着重要作用。

专业主义要求教师拥有广泛而深刻的专业知识。这不仅包括对所教学科内容的深入了解，更需要关注跨学科的知识领域，如教育理论和心理学。教师具备丰富的专业知识是确保教学质量和学生成长的重要基础。

专业主义强调教师对教育理论和心理学等相关领域的了解。通过对这些理论的深入研究，教师能够更好地把握学生的学习需求，制订更有效的教学策略，提高教学过程中的针对性和实效性。

教师的知识水平是专业主义的核心体现。不仅要追求所教学科知识的更新和拓展，还需要保持在教学中的权威性和专业性。这种不断追求进步的态度使教师能够与时俱进，为学生提供前沿的知识和观念。

专业主义要求教师具备高超的教育技能。除传授知识外，教师还需要具备引导学生学习、激发学生兴趣的能力。这包括课堂管理、与学生互动、使用多种教学方法等方面的技能。

专业主义注重教师的专业态度，包括责任心、热情和对学生的关心。教师的专业态度不仅在课堂上体现为高标准的教学要求，更在学生的学业成就和个人发展中发挥着深远的影响。这种专业态度是教师职业文化的重要组成部分。

（二）专业发展的重要性

1. 在专业基础上不断学习新知识

在教师职业文化中，强调了在已有专业基础上不断学习新知识的重要性。这体现了对于教育工作者应对社会变革和知识更新的迫切需求。随着社会的不断发展，科技的不断进步，以及教育理念的不断演进，教师需要时刻保持对新知识的敏感性，并积极追求专业素养的先进性。

持续学习的要求不仅包括对所教授学科领域的深入研究，还包括对跨学科知识、新兴技术和前沿教学方法的不断关注。通过主动参与各类专业培训、学术研讨会以及教育论坛，教师可以不断拓展自己的知识边界、与时俱进。

这种持续学习的态度不仅有助于教师提高自身的教学水平和专业素养，还有助于培养学生对知识不断追求的学习兴趣。通过不断更新知识储备，教师能够更好地应对多样化的学生需求，为学生提供更具前瞻性和适应性的教育服务。

教育工作者要时刻保持学习的姿态，不仅是为了应对当前教育环境的变化，更是为了为下一代培养具备创新精神和批判性思维的公民。因此，将持续学习融入教师职业文化，不仅是一种要求，更是对教育事业不断进步的责任担当。这样的教育文化有助于构建充满活力和创造力的学校环境，为学生提供更具价值的教育体验。

2. 反思和创新教学方法

专业发展要求教师具备反思和创新教学方法的能力，这是构建积极向上的教师文化生态的关键一环。反思教学实践是教师在专业发展过程中的重要环节，通过深入审视自己的教学方式、方法和效果，教师能够发现问题、总结经验，并在实践中不断改进。

反思的过程不仅是对已有教学方法的评估，更是对自身教学信念和教育理念的审视。通过这种内省，教师能够更清晰地认识到学生的需求和差异化，为个性化教学提供更有力的支持。同时，反思还能激发教师对教育事业的责任感，使其更加积极投入教学过程中。

与反思相辅相成的是创新教学方法的引入。教育领域不断涌现出新的理念和方法，而专业发展要求教师时刻关注这些前沿动态。通过引入新的教学理念和方法，教师能够使教学更具有活力和创造性。这不仅有助于提高教学效果，也可以为学生提供更为丰富和多样化的学习体验。

创新教学方法的实践还能够培养学生的创造力和问题解决能力。通过与学生共同探讨、实践新的教学方法，教师不仅为学生提供了更具有参与性的学习机会，也培养了学生主动学习的态度。这种创新文化的构建有助于培养具备创新精神的学生，更好地迎接未来社会的挑战。

3. 追求卓越

专业发展的核心价值观之一便是鼓励教师追求卓越。这并非仅仅是满足于达到基本的教学要求，而是要求教师具备一种不断超越自我的精神，持续不懈地追求更高水平的教育理念。在这一理念的引导下，教师职业文化强调个体教师在专业发展中追求卓越的重要性，并认为这是构建积极向上的教师个体文化生态的关键要素。

追求卓越意味着教师不仅要在知识储备上不断提升，更要注重教育实践的深度和广度。教育事业的不断发展和变革要求教师具备学习力和创新的能力，以适应新时代学生的需求。在追求卓越的过程中，教师将会主动参与教育研究、实践探索，努力引领和推动教育的前沿发展。

追求卓越还体现在对学生的关心和支持上。卓越的教育理念不仅是传授知识，更是关注学生的全面发展。通过了解学生的个性特点、兴趣爱好，教师能够更加个性化地引导学生，激发他们的学习潜能。这种关心和支持不仅有助于学生个体的成长，也为构建融洽的师生关系提供了坚实基础。

在专业发展的过程中，教师追求卓越的心态的同时还能够感染和激励身边的同事。共同追求卓越的团队将更容易形成合作共赢的氛围，共同推动整个学校文化的发展。追求卓越的文化将成为教师团队凝聚的重要纽带，为学校创造更为积极向上的工作氛围。

4. 提高教育水平

专业发展的一个重要目标是提高教育水平。这一目标的实现不仅关乎教师个体的专业素养，更涉及整个教育系统的质量和效益。在专业发展的过程中，教师通过不断深化学科知识，拓展知识广度，进一步提升自身的专业水平。这不仅有助于增强教师在特定学科领域的专业性，也为教育实践提供了更为坚实的理论支持。

提高教育水平还要求教师不断拓展教育方法的多样性和灵活性。在面对不同学生群体时，灵活运用多种教学策略和方法，以满足学生多样化的学习需求。通过专业发展，教师能够不断汲取教育领域的最新研究成果，将创新的教学理念融入实际教学中，提高课堂教学的质量和深度。

专业发展的过程中，教师还会培养学生的批判性思维和判断力，使其能够更好地理解和应对教育领域的变革。这有助于教师更好地把握时代发展的脉搏，更好地应对新时代学生的成长需求，提高教育系统的适应性和前瞻性。

二、敬业精神

（一）对教育事业的执着

1. 教育事业的核心价值观

教师职业文化将敬业精神视为一种不可或缺的核心价值观，强调在教育事业中展现持续的执着和奉献精神。这种敬业精神并非仅仅是对工作的投入和执行，更深层次体现在对学生全面发展的关切与呵护。

在教育事业中，教师不仅是知识的传授者，更是学生成长道路上的引导者和启发者。敬业精神要求教师全身心地投入教学中，持续不断地追求卓越，努力提供高质量的教育。这种执着理念表现在对教育事业的深刻理解和坚定信仰，使教师愿意超越常规，勇于接受挑战，不断追求教学水平和教育品质的提升。

教育事业的核心是学生的全面发展，而敬业精神正是为了实现这一目标存在的。在教师职业文化中，奉献精神表现为对学生的个体关怀、关注学生的学业进展、心理健康、性格养成等多个层面关注。教师通过与学生建立良好的互动关系，关心他们的成长过程，助力他们克服困难，引导他们树立正确的人生观和价值观。

2. 充满热情地履行教育使命

教师被期望以充满热情的态度履行教育使命，超越简单的职责履行，而是积极参与学生的成长过程，努力激发学生的学习兴趣和创造力。这种对教育事业的激情是教师职业文化中的核心要素，为教育工作注入了强大的动力，使教师能够更有活力地应对各种教学挑战。

充满热情地履行教育使命意味着教师不仅是课堂上的知识传授者，更是学生成长道路上的引导者和启发者。这种激情驱使教师积极关注每个学生的个性差异，深入理解他们的需求和潜能。通过与学生建立密切的互动关系，教师能够更好地调动学生学习的积极性，引导他们探索知识的乐趣和深度。

教育使命的充满热情体现在教师对知识的热爱和对学科的深入研究上。教师通过对教学内容的深刻理解和不断对学科知识更新，将自身的激情传递给学生。这种积极的态度可以激发学生对学科的浓厚兴趣，使他们更加主动地参与学习过程。

3. 培养学生的品格和学习兴趣

教师通过展现敬业精神，将关注重点放在培养学生的品格和学习兴趣上。超越简单的知识传递，教师致力于塑造学生成为有道德、积极向上的社会成员，同时激发学生对知识的追求和对未来的向往。

在教育事业中，教师的敬业精神体现在对学生全面发展的关切与呵护。教育不仅是知识的灌输，更是品格的塑造。通过言传和身教，教师引导学生形成正确的价值观和行为准则，培养其具备社会责任感、团队协作精神以及积极的人生态度。这种关注品格的教育理念有助于培养更加全面、坚韧、有担当的学生群体。

同时，教师通过敬业精神来关注激发学生的学习兴趣。通过生动有趣的教学方式和丰富多样的教育活动，教师努力营造积极向上的学习氛围。通过激发学生对知识的好奇心和热情，教师能够培养学生对学科的深入理解和独立思考的能力。这种关注学习兴趣的教学方式，不仅可以提高学生的学业成绩，更能为他们未来的发展奠定坚实的基础。

（二）尽职尽责的态度

1. 对学生耐心指导

教师职业文化着重强调教师对工作的尽职尽责，其中一个重要方面便是对学生的耐心指导。这种耐心指导不仅是传授知识，更是一种关心学生个体发展的表现。通过对学生的耐心指导，教师能够更全面地了解学生的学习风格、兴趣和擅长领域，进而更有针对性地设置教学方案满足他们的个性化学习需求。

教师的耐心指导体现在对学生问题的细致解答和深入讲解。不仅是在课堂上，还包括课后的辅导和答疑时间。通过主动关注学生的学习进展，教师可以更好地发现学生可能存在的困难和问题，提供及时的帮助和支持。这种耐心指导不仅有助于学生对知识的深入理解，还能增强师生之间的信任和沟通。

此外，耐心指导还表现在教师对学生的个体关怀上。了解学生的兴趣爱好、家庭背景和未来志向，使教师更能够制订个性化的教学计划，激发学生的学习兴趣。通过这种个体关怀，教师能够建立起更为亲密的师生关系，促进学生更积极地投入学习中。

2. 全身心投入教育事业

教师职业文化要求教师不仅在表面的教学任务上投入精力，更要全身心地投入教育事业中，关注学生的全面发展和人格塑造。这种全身心投入体现在教师对学生的关怀、引导以及对教育事业的热情上。

全身心投入的教育事业要求教师在课堂内外都能够关注学生的综合素养。教师不仅关注学科知识的传授，更注重培养学生的创造力、批判性思维和解决问题的能力。通过丰富的教学手段和方法，教师努力激发学生的学习兴趣，引导他们在各个方面都能够得到全面地发展。

全身心投入还表现在对学生人格发展的关注上。教师不仅是知识的传递者，更是学生品格的引导者。通过言传身教，教师引导学生形成正确的价值观、道德观念和社会责任感。这种全身心投入不仅局限于课堂，还包括对学生个体差异的尊重和理解，通过个性化的关怀，促进学生全方位地成长。

全身心投入的教育事业体现在教师对教育事业的激情和热情上。教师要不断追求教育理念的创新和教学方法的改进，以应对不断变化的教育环境和学生需求。通过积极参与教育研究和专业培训，教师能够更好地适应时代发展的要求，为学生提供更具前瞻性和实用性的教育服务。

3. 对个体学生的关注和关怀

敬业精神要求教师在教育事业中对个体学生给予充分的关注和关怀，这种关注不仅局限于学术表现，更包括对学生的身心健康和情感需求的关心。这种关怀不仅有助于建立良好的师生关系，还能够为学生提供更为个性化和更有温度的教育服务。

教师通过对个体学生学术方面的关注，能够更准确地了解学生的学习状态和需求。这包括对学生的学科特长、学科困难以及学习风格的了解，使教师能够更有针对性地进行教学设计和个性化指导，提高学生学科成绩和学业水平。

敬业精神要求教师关心学生的身心健康。在学生面临学业压力、成长困惑等问题时，教师通过与学生建立信任和沟通的关系，能够及时发现问题并提供必要的支持和帮助。这种身心健康的关怀有助于维护学生的心理健康，为其全面发展创造更有利的环境。

教师的关怀也延伸到对学生情感需求的方面上。通过对学生的兴趣、爱好和个性的了解，教师能够更好地引导学生发展其独特的个性特点，激发他们的潜力。这种关怀还有助于构建积极向上的学习氛围，促进学生更全面地成长。

三、人文关怀

（一）以人为本的理念

1. 人文关怀作为基石

人文关怀被认为是教师职业文化的基石，深刻地体现了以人为本的理念。在这一理念中，教师将鼓励学生置于教育事业的核心，关心其全面的发展、健康和幸福。这种理念超越了纯粹的知识传递，强调培养学生的全面素养和品格。

人文关怀强调将学生置于教育事业的核心地位。教师不仅是知识的传授者，更是学生人生道路上的引导者。通过理解每个学生的独特性格和需求，教师能够更有针对性地制订教学计划，提供个性化的学习体验。这种关怀不仅有助于满足学生的个体差异，还可以更好的构建师生之间更为紧密的关系。

人文关怀注重培养学生的全面素养。教育不仅是知识的传递，更是关乎学生品格和道德的塑造。通过在教学中注入人文关怀的理念，教师能够引导学生在学科知识的学习同时培养创造力、批判性思维和社会责任感。这种全面素养的培养有助于学生更好地适应未来社会的挑战。

人文关怀追求学生的幸福和健康。教育事业的目标不仅在于提供学科知识，更在于帮助学生建立积极的人生观和健康的生活方式。通过与学生建立信任和理解的关系，教师能够更好地关心学生的身心健康，为其提供必要的支持和指导。

2. 关心学生的个体差异

人文关怀要求教师关注学生的个体化差异，强调尊重和理解每个学生的独特性格和需求。这种关心学生个体差异的理念对于教育事业具有重要的意义。通过深入了解每位学生的特点，教师能够更全面地实施个性化教学方案，从而提高教学的针对性和学生的接受度。

在实施人文关怀时，教师需要充分认识到学生之间存在着个体差异性。这包括学科知识的吸收速度、学习风格、兴趣爱好等方面的个体差异。通过在课堂上留意学生的表现和参与度，教师能够更敏锐地捕捉到这些差异，为个性化教学提供基础。

人文关怀要求教师尊重每个学生的独特性格。教育并非一刀切的过程，而是需要因材施教。了解学生的性格特点，包括性格内向或外向、学习态度积极或谨慎等方面，有助于教师更好地调整教学策略，使学生更愿意参与到学习中来。

人文关怀注重理解学生的需求。每个学生在学习过程中都有自己的需求，可能是在某个学科上需要更多的辅导，或是在个人发展方面有特殊的关切需求。通过与学生建立良好的沟通和信任关系，教师可以更准确地了解到学生的需求，有针对性地进行教学安排和辅导。

3. 教师作为学生人生道路上的引导者

人文关怀使教师不仅是知识的传授者，更是学生人生道路上的引导者。这种引导并不仅限于学科知识，更涉及学生的个人成长和生活方面。通过亲近的关系和真挚的关怀，教师成为学生成长道路上的导航者，为他们的未来发展提供坚实的支持。

人文关怀强调建立积极的师生关系。通过与学生建立亲近而信任的关系，教师能够更好地了解学生的个性、兴趣和潜力。这样的关系不仅有助于教师更好地指导学生的学业，也使教师能够在学生面临困难和抉择时给予更为贴心的支持和建议。

教师在人文关怀的框架下，成为学生生活中的良师益友。教师通过关注学生的生活琐事、情感体验，不仅能够更全面地理解学生，也能够在生活的方方面面为他们提供帮助。这种关怀不仅有助于缓解学生的生活压力，更使教师在学生心中扮演了更为亲近的角色。

作为引导者，教师通过对学生的潜能和兴趣的发现，引导他们更好地认识自己，树立正确的人生价值观。通过启发学生对未来的思考，教师能够在学生人生道路上为其提供更明晰的方向和目标。这种引导不仅关注学生的学科发展，更注重其全人发展，使学生能够在成长过程中更好地面对人生的起伏和选择。

（二）激发潜力与自信

人文关怀强调激发学生的潜力，认为每个学生都具有独特的天赋和潜能。教师通过了解学生的兴趣和特长，采用个性化的教学方法，帮助学生发现和发展其潜在的能力。这种关怀不仅关注学科知识的传递，更注重培养学生的个性发展和多元化才能。

在人文关怀的框架下，注重培养学生的自信心是一个重要的方面。教师通过给予学生肯定和鼓励，建立积极的学习氛围，帮助学生建立对自己的自信和自尊。这种正向的教育方式有助于提高学生的学业成绩，同时促使学生更积极地参与社会活动，培养他们在竞争激烈的社会中保持自信的能力。

创造性的教学方法也是人文关怀的体现。教师被鼓励采用创造性的手段，为学生提供丰富的教学资源，引导学生主动参与学科探究。通过这种方式，教师不仅能激发学生的创造性思维，还可以培养他们解决问题的能力。这种创造性的教学方法不仅关注知识的灌输，更注重培养学生在实际情境中运用知识的能力，使他们在未来的工作和生活中更具备竞争力。

因此，人文关怀的核心在于关注学生的个体差异化，通过激发潜力、注重自信心地培养以及采用创造性的教学方法，使学生在学业和人格方面都能够得到全面的发展。这种关怀理念不仅体现了教育工作者对学生的责任心，更使学生在温馨的学习氛围中茁壮成长，为其未来的发展打下坚实的基础。

四、教育公平与正义

（一）平等机会与资源分配

1. 教育公平与正义的重要性

教育公平与正义是教师职业文化中的核心价值观，强调为每个学生提供平等的机会和资源，以确保其在教育过程中能够获得公正对待。这一价值观在教育体系中具有重要性，涵盖了以下几个方面。

（1）平等机会与资源分配是教育公平与正义的基石

教育不仅是传授知识，更是塑造未来公民的过程。为了实现公平，教育系统需要致力于提供平等的学习机会和资源，无论学生的社会背景、经济状况或文化差异如何。这可以通过确保学校间资源的均等分配、提供经济援助和推动教育公平政策来实现。

（2）照顾每个学生的需求是教育公平与正义的体现

每个学生都是独特的个体，有不同的学习风格、兴趣和潜能。为了实现教育的公平与公正，教师需要关注每个学生的个体差异，制订差异化的教学计划，确保每个学生都能够在学校中找到适合自己的发展空间。这涉及教师提供额外的帮助、关注学生的心理健康以及提供个性化的辅导。

（3）教育公平与正义的理念还要求教育机构关注社会公正

这包括对待学生的公正，不因背景、种族、性别或其他社会因素而对学生进行歧视。通过倡导多元文化教育、反对歧视行为，教育机构可以营造一个包容、公正的学习环境，为学生提供公平的发展机会。

2. 平等机会的实质

平等机会的实质超越了关注学科方面的平等，更加广泛地涉及学生的个体差异、背景、兴趣和潜能。在教育领域，平等机会意味着消除不公正的因素，确保每个学生都有平等的起点，以便他们能够充分发挥其独特的潜力。

（1）平等机会包括对学生个体差异的平等关注

每个学生都是独特的个体，拥有各自不同的学习风格、兴趣和优势。实现平等机会意味着教育系统应当采用差异化教学方法，以满足不同学生的需求。这可能包括提供个性化的学术支持、制订灵活的学习计划，确保每个学生都能够在学校环境中获得平等的机会。

（2）平等机会涉及对背景和家庭状况的平等对待

学生的社会经济背景和家庭环境可能对其学习产生影响。为了实现真正的平等，教育体系应该采取措施，如提供经济援助、良好的学习条件，以确保每个学生都能够在学业上拥有公平的起点。

（3）平等机会关注兴趣和潜能的平等

学生在不同领域展现出不同的潜能和兴趣。为了实现平等机会，教育机构需要提供多样的课程和活动，以满足学生多元化的发展需求，帮助他们更好地发现和发展个人的潜能。

3.资源分配的公正原则

教育公平与正义的核心要求之一是对教育资源的公正分配原则。这一原则贯穿于教育体系的方方面面，涵盖教材、教具，以及各种课外活动等多个层面。通过确保这些资源的合理分配，教育机构能够为学生提供更为均等的学习条件，从而促进教育公平性实现。

（1）教育资源的公正分配涉及教材的获取和使用

不同的学生可能面临着不同的经济状况，有的家庭可能难以负担昂贵的教材费用。因此，学校应采取措施，如提供免费或低成本的教材，以确保每个学生都能够平等地获取所需的学习资料。这有助于消除因经济差异而导致的学习机会不平等。

（2）教育资源的公正分配还牵涉到教具和学习工具的使用

一些先进的学习工具和设备可能对学生的学习产生积极影响，但不同学校或学生之间的资源差异可能导致这些工具的不均等分配。为了实现公正性，学校应当致力于提供先进的教学设备，并确保这些资源在学生间的分配不受到家庭经济状况等因素导致的不公。

（3）课外活动也是教育资源的一部分，对学生的全面发展具有积极作用

由于各种原因，一些学生可能无法参与到这些活动中。教育公平的原则要求学校通过制定包容性的政策，确保每个学生都能够平等地参与到丰富多彩的课外活动中，从而获得更全面的教育体验。

（二）照顾每个学生的需求

1.差异化教学的实践

教育公平与正义的核心理念要求在教学实践中照顾到每个学生的需求，而差异化教学被认为是一种切实可行的实践方法。差异化教学不同于传统的一刀切式的授课模式，它强调通过个性化的教学策略，根据学生的独特特点和学习风格，创造一个适应性更强的学习环境，以确保每个学生都能够在最适合自己的环境下学习。

（1）差异化教学的实践体现在对学生个性差异的尊重

每个学生都是独一无二的，具有不同的学习方式、兴趣爱好和潜在能力。在差异化教学中，教师应当对学生的个性特点进行全面了解，并根据这些差异性制订灵活多样的教学计划。这有助于确保每个学生都能够在教学过程中找到自己的学习方法，提高学习效果。

（2）差异化教学注重教学方法的灵活运用

教师应当根据学生的不同学科水平、学习风格和兴趣爱好选择不同的教学方法。例如，对于某个较为抽象的概念，可以采用具体的实例来讲解，以满足不同学生的理解方式。通过灵活运用教学方法，差异化教学有助于激发学生学习的兴趣，提高他们的学科自信心。

（3）差异化教学的实践还需要及时地反馈机制

教师通过与学生建立良好的沟通渠道，关注他们的学习进展和困难，及时调整教学策略。这种个性化的反馈不仅有助于纠正学生的错误，还能够更好地满足他们的学习需求，推动他们在学业上的发展。

2.提供额外帮助的机制

为了更好地满足学生的学习需求，教师可以建立一套完善的额外帮助机制，以针对学科难点或个体学生的学习困难提供额外的支持。这一机制的建立旨在促进学生在学业上的平等发展，帮助他们克服困难，实现发展个体潜力的最大化。

额外帮助的机制可以包括定期的辅导课程或学科讲座，针对学科中的难点问题提供具有针对性的深入和详细的解释。这种辅导不仅有助于提高学生对知识的理解，还能够使学生更好地掌握学科核心概念，缩小因学科难度带来的差距。

教师可以建立个性化辅导计划，重点关注每个学生的学习需求。通过了解学生的学科水平、学习风格和兴趣爱好，教师可以制订针对性地学习计划，强化学生个体差异的照顾，确保每个学生都能够在适合自己的学习环境中发展。

建立学业辅导小组或学科学习社群也是额外帮助机制的一部分。学生可以在这样的小组中相互学习、交流经验，共同解决学科中的难题。教师作为引导者和监督者，能够通过小组合作方式更好地关注学生的学习进展，提供必要的帮助。

除了课堂内的额外支持，还可以通过开设课外辅导班、提供在线学习资源等方式，为学生提供更多的学习机会。这种多样化的帮助方式有助于满足不同学生的学习需求，确保每个学生都能够充分发挥自己的潜力。

3.平等关注学生背景、兴趣和潜能

教育公平与正义的实现需要教师在关注学科知识的同时，更加深入地了解每个学生的背景、兴趣和潜能。这种关注学生个体差异的教学方式超越了传统的教学模式，强调每个学生的独特性，以促进他们全面发展和取得学业上的成功。

（1）关注学生的背景，包括社会经济背景、家庭环境等因素

这样的了解有助于教师更好地理解学生的生活背景，更具体地调整教学方法，以适应

不同学生的学习需求。例如，对于家庭条件较为困难的学生，可以提供更多的经济援助和心理支持，确保他们能够在学业上得到平等的发展机会。

（2）关注学生的兴趣是个体化教学的关键

教师应主动了解学生的爱好和特长，鼓励他们在学习中发挥自己的优势。通过将学科知识与学生感兴趣的领域相结合，可以激发学生的学习兴趣，提高学科吸引力，从而推动他们更积极地参与学习。

（3）了解学生的潜能也是教育公平的关键要素

每个学生都具有独特的潜能和才华，教师应当通过综合评估，了解学生的优势和弱点，并采用差异化教学方法，帮助他们充分发挥潜能。这种关注个体潜能的方式有助于打破标准化评价的桎梏，使每个学生都能够在学校获得公平的学习机会和发展机会。

五、终身学习

（一）持续学习的动力

1. 终身学习的基石

终身学习被赋予教师职业文化的重要角色，成为教育事业中的基石。这一理念强调教师不仅是知识的传递者，更是持续学习的实践者，以适应日新月异的教育发展。教师应当时刻保持学习的动力，不仅关注自己所教授的学科知识，还要不断追踪教育前沿、新兴技术以及创新的教学方法。

（1）终身学习要求教师对自己所教授学科的知识进行深入学习

这包括不断追求学科知识的广度和深度，以保持在专业领域的权威性。教育领域的知识更新迅速，而教师要始终保持对最新教学内容的了解，以确保能够为学生提供更前沿、更全面的知识服务。

（2）教师应保持对教育前沿的关注

教育领域不断涌现出新理念、新方法，以更好地满足学生多样化的需求。教师通过关注最新的教育研究、教学理念和教育政策，能够及时应对教育环境的变化，提高教学的针对性和实效性。

（3）学习新兴技术在教育领域的应用

教师需要不断更新自己的专业知识技能，掌握与时俱进的教学工具和方法。通过融入新兴技术，教师可以更富创造力地设计教学内容，激发学生的学习兴趣，并提高教学效果。

（4）终身学习注重创新的教学方法

教育事业在不断发展，教学方法也需要与时俱进。教师通过参与教育研究、教学实践，积极引入新的教学理念和方法，为学生提供更具前瞻性的教育服务。

2. 关注教育前沿和新兴技术

在终身学习的过程中，教师应特别关注教育领域的前沿知识和新兴技术，以确保自身的教学水平与时俱进。

教师可以通过积极参加学术研讨会来获取最新的教育理论和研究成果。这种参与不仅使教师能够了解当前教育领域的最新趋势，还能够与同行进行深入的交流和讨论，促使教学理念的更新与进步。

教师应保持对最新的教育研究论文的关注。通过阅读和深入研究最新的学术成果，教师可以更好地理解教育领域的理论框架和实践经验。这种理论支持可以指导教师更科学地制定教学策略，更好地适应学生的学习需求。

熟练运用新兴技术也是终身学习中不可忽视的方面。教育领域不断涌现出各种先进的教学工具和技术，包括在线教学平台、虚拟现实技术等。教师需要不断了解并掌握这些新兴技术，以提升课堂教学的互动性和吸引力。通过灵活运用新技术，教师能够更好地满足学生对多样化教学方式的需求，提高教学的效果和吸引力。

3.保持敏锐地观察力

持续学习为教师保持敏锐的观察力提供了关键支持。教师在不断关注和学习新知识的过程中，培养了对学科发展和学生需求的敏感性，从而使其观察力得以强化。

通过对新知识的关注，教师能够更全面地了解学科知识体系的更新和拓展，使自己始终站在教育前沿。这有助于教师更准确地把握学科发展趋势，及时调整教学内容，确保教学的时效性和前瞻性。

教师通过学习新知识更加深入地了解学生的需求。新兴的教育理念、心理学研究成果等方面的新知识能够为教师提供更多关于学生学习和发展的信息。这使教师能够更具敏感性地洞察学生的认知特点、兴趣爱好以及潜在困难，有针对性地调整教学策略，提供更有效的学术指导。

持续学习还使教师对教育技术的运用更加灵活。通过了解新兴技术的发展，教师可以将先进的教学工具和方法融入自己的教学实践中，增强课堂的趣味性和吸引力。这不仅有助于提高学生的学习积极性，也使教师更好地把握学生的动态，进一步加强了观察力。

（二）反思和创新

1.反思的重要性

终身学习的理念强调了教师反思的重要性，将其视为教育事业中不可或缺的一环。反思是教师在继续学习和优化过程中的关键元素，涉及对教学过程、方法和效果的深入审视，旨在不断提升个人教学水平。这一能力的培养不仅包括对学科知识的反思，还包括对教学策略、学生反馈的全面思考，从而实现教育质量和效果的不断提高。

（1）反思涉及对教学方法的审视

教师通过对自己在课堂上的表现、教学策略的运用等方面进行深入思考，不断寻找提升的空间。这种反思有助于教师认识到自身的教学特点和风格，更好地调整教学方法，使之更符合学生的需求和学科发展的趋势。

（2）反思包括对学科知识的不断审视

教师通过定期反思自己的学科知识水平，及时更新知识结构，以保持在所教领域的专业性。这有助于教师更好地把握学科的最新发展，提高自身在教学中的权威性和可信度。

（3）关注学生反馈，分析学习状况

通过反思学生的反馈意见和表现，教师可以更全面地了解学生的需求和困难，为个性化教学提供坚实的依据。这种关注对学生反馈的反思有助于建立更加有效的师生沟通渠道，提高教学的实效性。

2. 积极参与教育研究和实践

终身学习的理念要求教师积极参与教育研究和实践，将这种积极性视为教育事业中不可或缺的一部分。这涵盖了多方面的活动，包括在教育领域的会议上分享经验、参与学科研究项目，以及尝试新的教学方法。这了全面的参与不仅有助于教师个体的专业发展，更为整个教育领域的创新和进步贡献了力量。

（1）积极参与教育研究是终身学习的核心之一

通过参与学科研究项目，教师能够深入了解教育领域的最新进展，掌握前沿的教育理念和方法。这种参与不仅拓展了教师的知识面，还使其能够将最新的研究成果应用于实际教学中，提高教学质量。

（2）参与教育领域的会议

在这些会议上，教师有机会与同行交流心得、分享成功经验，共同探讨教育领域的热点问题。这种合作与交流不仅促进了教育思想的碰撞和交流，也为教师提供了不同的教学观念和方法，推动了教育领域的创新。

（3）尝试新的教学方法是终身学习中的关键步骤

通过实践新的教学策略，教师能够更好地了解何种方法更适合学生，更灵活地应对多样化的学习需求。这种实践不仅促进了教师的专业发展，也为学生提供了更为丰富和创新的学习体验。

3. 为学校和教育体系注入活力

持续学习和创新的态度不仅是对教师个体的价值追求，更为学校和整个教育体系注入了源源不断的活力。教师以积极的心态参与终身学习，不断更新教学方法，为学校创造了积极的文化氛围，激发学生学习的兴趣，推动整个教育体系向更高水平发展。

在教师的终身学习中，不断更新教学方法是尤为重要的一环。教师通过参与研讨会、阅读最新教育研究，了解先进的教学理念和方法，使他们的教学更富有创造性和针对性。这种创新精神将渗透到学校的各个角落，形成鼓励创新的文化氛围。

积极的文化氛围进一步激发了学生的学习兴趣。学校成为一个充满活力和创造力的地方，学生在这样的环境中更愿意主动参与学习，探索未知的领域。教师的积极学习态度不仅让学生受益，也让学校在学科竞争中保持领先地位。

而在更大的范围内，整个教育体系也因为教师的不断学习而得以提升。教师作为教育体系的基石，他们的创新精神和学习态度对整个教育生态系统的运作产生深远影响。通过分享经验、参与研究项目，教师成为推动教育领域创新的重要力量，为教育体系的健康发展注入了强大的动力。

六、合作与共享

（一）构建合作性学习氛围

1. 合作关系的重要性

教师职业文化强调了合作与共享的理念，其中构建合作性学习氛围是实现这一理念的重要步骤。合作关系不仅使教师能够共同应对教学中的挑战，而且有助于建立积极的教育氛围，促进学校整体文化的繁荣。

2. 合作性学习的形式

合作性学习可以通过教研活动、团队教学设计以及跨学科合作等形式实现。这些学习形式不仅促进了教师之间的信息交流，还创造了共同学习的机会，使教育者能够从多个角度思考问题，共同寻求最佳的解决方案。

3. 共享教学资源

合作性学习的关键之一是共享教学资源。通过共享教案、教学方法和其他教学资源，教师们能够受益于彼此的经验，节省时间和精力，提高教学效率。这种共享促使整个学校形成更具协同性和合作性的文化。

（二）互相支持与促进

1. 共同目标下的支持

合作与共享的理念体现在教师之间的互相支持和促进上。在共同的目标下，教师们能够互相激励和支持，共同解决教学中的难题。这种团队协作的态度不仅能促进个体教师的发展，也可以为整个学校创造积极的工作氛围。

2. 教学理念和分享成功经验

教师之间的合作不仅局限于教学技巧，还包括探讨教学理念和分享成功经验。通过互相交流，教师们能够汲取不同的教学哲学，丰富自己的教学方法，并从他人成功的经验中学到宝贵的教训。

3. 促进整体教学水平的提高

合作与共享的文化为整体教学水平的提高奠定了坚实的基础。当教师们能够共同努力，互相促进时，整个学校的教学质量将不断提升。这种协同努力不仅体现在教学效果上，还可以为学生提供更为丰富和全面的教育体验。

七、社会责任感

（一）参与社会公益活动

1. 社会责任感的定义与重要性

社会责任感是教师职业文化中的重要价值观，其重要核心在于教师对社会的担当和奉献。积极参与社会公益活动不仅使教师成为社会的积极参与者，更是一种对社会的回馈和贡献。社会责任感的培养将使教师更好地履行教育使命，为学生树立积极的榜样。

2.教师参与社区服务

教师积极参与社区服务是社会责任感的具体体现之一。通过组织或参与社区服务项目，教师能够将专业知识和技能分享给社区居民，解决他们在教育方面的问题，促进社区的全面发展。这种参与不仅能建立教师与社区居民之间的紧密联系关系，还可以增强社会的凝聚力。

3.教育普及活动的重要性

教育普及活动是教师社会责任感的重要体现。通过参与教育普及活动，教师可以向更广泛的社会群体传播教育理念，提高社会对教育的认知度。教师的专业知识和经验在这一过程中得到传承，为社会培养更多高素质的人才提供了基础。

（二）以教育推动社会进步

1.教育的社会影响力

教育作为社会进步的引擎，教师肩负着培养未来社会成员的使命。教师的社会责任感在于将教育与社会进步相结合，通过培养学生的综合素养，为社会的可持续性发展贡献力量。

2.将社会价值观融入教学

教师的社会责任感还体现在将社会价值观融入教学内容中。进而引导学生思考社会问题、培养他们的社会责任心，教师不仅是知识的传递者，更是引导学生成为有担当的社会成员的领路人。这种培养不仅关注学科知识，更关注学生的公民素养和社会参与意识的培养。

3.社会进步的未来领袖

通过以教育推动社会进步的理念，教师培养的学生将成为未来社会的领袖和推动者。这种社会责任感的传承不仅体现在个体教师的教育实践中，更在于培养出具有社会责任感的群体，为社会的长期繁荣和可持续性发展注入新的活力。

第二节　教育环境对教师职业文化的影响

一、环境对文化的塑造

（一）教育机构的价值观

教育环境对教师职业文化的塑造首先体现在教育机构的价值观。不同学校或教育机构往往具有独特的文化氛围和价值导向，这直接影响到教师的职业行为和职业态度。学校所倡导的教育理念、对师生关系的理解，都会在教师工作中得到具体体现。例如，一所注重素质教育的学校可能强调对学生个体差异的尊重，从而影响教师更注重个性化教学。

1. 学校文化的特征

学校文化是教育环境中至关重要的一环,涵盖了校风、学风等方面的特征,直接塑造了教师的职业行为和态度。在校风、学风积极向上的学校中,教师往往更容易受到激励,对工作充满热情,从而形成一种积极向上的职业文化氛围。相反,在校风较为保守的学校,教师可能更注重传统的教育方式,形成另一种职业文化氛围。

学校文化的首要特征之一是校风。正向的校风通常体现在对于教育事业的高度重视和积极向上的工作态度,这种校风有助于激发教师的责任感和使命感,使他们更有动力地投入教学工作中。在这样的学校中,教师之间的团队协作和互助精神也更为显著,共同推动学校向前发展。

在校风相对保守的学校中,教师可能更倾向于遵循传统的教育方式。这种学校文化强调对于规章制度的遵守,可能较为注重学科知识的传授,相对保守的教育观念可能导致对于教学方法的创新较为谨慎。在这样的学校中,教师的职业文化可能更加侧重于传统的教学价值和观念。

学校文化中另一个重要的方面是学风。积极向上的学风通常表现为对于学术研究和知识创新的高度重视。这种学风对教师的专业发展提供了丰富的学术资源和交流平台,有助于教师在教学中保持专业水平或不断提高。在这样的学校中,教师可能更倾向于参与学科研究和教学方法的创新,形成具有学术活力的职业氛围。

2. 价值观的传递

教育机构通过规章制度、教育政策和教师培训等手段,传递着特定的价值观,这一过程深刻影响着教师的教学理念、师德观念以及整体职业文化。在这个过程中,各种制度、政策和培训形式共同构建了一个根深蒂固的教育环境,引导着教师在教育实践中传播特定的价值观。

通过制定规章制度,教育机构传达对教育事业的期望和规范,从而塑造了教师的行为准则和职业道德。例如,一些学校可能明确提倡"以人为本"的教育理念,强调关注学生的个体差异和全面发展。这样的规章制度为教师明确了在教学中应该关注的核心价值,促使教师更注重培养学生的个性,关心他们的身心健康,并追求教育的全面性。

教育政策在塑造价值观方面发挥着引导和规范的作用。国家或地区层面的教育政策通常包含对教育目标、学科设置、评估标准等的规定,这些方面的政策往往承载着一定的价值观。通过教育政策,教育机构在更宏观的层面传递着对教育的理念和期许。例如,政策可能鼓励教师关注学生的全面发展,提倡创新教学方法,这将在学校层面对教育的具体实践产生深远的影响。

对教师的培训也是传递价值观的关键途径。培训课程不仅注重教学技能和学科知识的提升,还应该注入教育理念和职业道德。通过培训,教育机构能够向教师灌输先进的教育理念,培养他们具备人文关怀、关注学生个体差异的意识。例如,培训课程可能强调如何运用创新教学方法、激发学生学习兴趣,以及如何关心学生的身心健康等方面的内容。

（二）专业发展机会

1. 学术资源与团队合作

教育环境在提供学术资源和倡导团队合作方面对教师的专业发展具有深远的影响。学术资源的丰富性和学校对团队协作的重视直接塑造了教师的专业素养和职业文化，这对于促进教育质量和教学创新至关重要。

学校是否配备了良好的学术资源，包括图书馆、实验室等，直接关系到教师是否能够全面拓展专业知识。良好的学术资源能够为教师提供广泛的学科资料和研究工具，使其在教学和科研方面能够更为充实和有深度地支持。例如，先进的实验室设备和图书馆丰富的藏书都有助于教师更好地理解学科前沿动态，提高教学质量。

教育环境中是否注重提供持续的职业培训也是一个重要的影响因素。由于教育领域的知识不断更新，教师需要不断更新自己的教育理念和教学方法。学校提供的职业培训可以使教师及时了解最新的教育理论和创新的教学方法，帮助其保持专业竞争力。例如，关于新兴教学技术、教育心理学等方面的培训都有助于提升教师的教学水平。

教育环境中团队合作的氛围也对教师专业发展产生积极影响。鼓励团队合作有助于教师之间的交流与合作，推动教学创新和经验分享。共享资源、共同研究课题、共建教学方案等团队协作形式有助于集体智慧的发挥，促进全体教师共同成长。例如，教师团队可以共同研究教学案例、相互分享成功的教学实践，从而在团队协作中形成更为富有创造性的教学方法。

2. 职业发展通道

学校所提供的职业发展通道直接塑造了教师对于自身职业前景的期望和努力。这包括学校是否建立了明确的职称晋升机制、是否设立了资深教师的评选标准等，这些因素在很大限度的影响着教师在专业生涯中的发展方向。

晋升机制是学校中直接关系到教师职业发展的关键因素之一。学校是否设立了明确的职称晋升通道，包括初级教师、中级教师、高级教师等，对于教师的职业发展路径有着直接的引导作用。明确的晋升机制为教师提供了清晰的职业发展目标，激励着他们不断提升教学水平、积累经验，并在不同阶段展现更为出色的教育能力。

资深教师的评选标准也是一个重要的影响因素。学校是否设有资深教师岗位，以及资深教师的评选标准如何，直接决定了教师是否能够在教育领域中成为业界的佼佼者。对于那些对职业发展有着更高追求的教师而言，资深教师的评选机会将成为他们不断进取的动力，促使其在专业领域中不断突破和创新。

除晋升机制和资深教师评选外，学校鼓励教师参与学术研究、发表论文等也是衡量教育机构是否注重教师专业发展的一个重要指标。学术研究不仅能够提升教师的学科水平，还有助于培养教师的创新思维和问题解决能力。通过发表论文，教师不仅可以为学科发展贡献自己的智慧，也为自身在学术领域的声望和影响力奠定了基础。

二、教育环境的影响机制

(一)组织文化的引导

1. 文化引导与教师认同

学校的组织文化在很大程度上塑造了教师的认同和对教育事业的态度。这一文化中设定学校的目标、价值观和规范,不仅是组织内部共同的精神纽带,也对教师在职业发展和教育实践中的表现产生深远影响。

学校的目标是组织文化的核心元素之一,明确了学校的使命和愿景。教师是否认同学校的目标,直接关系到他们对于所从事教育事业的自觉性和投入程度。如果学校的目标强调全面素质教育、学生综合发展,教师更容易形成对教育事业的认同,将这一目标融入自己的教学实践中。

此外,学校价值观的设定也对教师的认同产生深远影响。如果学校强调以人为本、注重学生个体差异的教育理念,教师更有可能在实际教学中关注和尊重学生的发展需求,体现学校价值观的内涵。相反,如果学校价值观与教师个人理念存在冲突,可能导致教师的认同感下降,影响其对工作的投入。

学校规范作为组织文化中的一部分,为教师提供了行为准则和规范。教师是否能够认同学校的规范,直接关系到他们在教育实践中的表现和职业操守。学校的规范如果能够明确规定教育行为的期望,有助于教师形成一种积极向上的职业态度,从而提高教学质量。

2. 文化引导与师德建设

学校的组织文化对于师德建设起着至关重要的引导作用。在教育机构中,强调明确的道德规范和提倡榜样教育,有助于塑造教师在职业行为中的道德取向,对其职业操守、责任心等方面产生深远影响。

通过明确的道德规范,学校传递了对于师德的明确期望。道德规范涵盖了教师在教学、师生关系、学科研究等方面应该遵循的行为准则。例如,规范可能要求教师在与学生互动时保持专业性,尊重学生个体差异,以及对学生隐私和权益的保护等。这些规范为教师提供了明确的指引,有助于他们在复杂的教育环境中做出正确的道德选择。

榜样教育是一种通过身体力行、成为学生学习和生活的榜样来影响教师师德的方式。学校通过树立有着良好师德的骨干教师,强调他们的专业精神、责任感和教育情怀,激励其他教师效仿。这种榜样教育有助于形成积极向上的氛围,为整个学校创造了浓厚的道德文化。

组织文化对师德建设的机制影响不仅在于传递理念和规范,还在于提供具体的培训和支持。学校可以通过定期举办师德专题培训、组织教育座谈会等形式,帮助教师深入理解和贯彻学校的师德规范要求。此外,学校也可以建立相应的师德评价机制,通过评选优秀教师和优秀师德典范,强化师德建设的实际效果。

（二）专业发展机制

1.奖惩机制

学校的奖惩机制在很大程度上塑造了教师的职业行为，通过奖励和惩罚来激励教师更加积极地投入专业发展中。这种机制的设置对于教育机构的发展和教师的专业提升具有深远的影响。

（1）奖励机制

学校的奖励机制在很大程度上影响着教师的职业行为和专业发展。这种机制旨在激励教师在教学、科研等方面取得卓越成就，为其提供了积极向上的动力。

学校设立的教学优秀奖励规则是一项重要的机制，旨在鼓励教师在课堂教学中出色表现。这一奖励通常与教学效果、学生评价等直接相关，为教师提供了展现自身教学水平的机会，同时也推动了教学水平的不断提高。

科研成果奖励则是通过奖励教师在学科研究方面的卓越表现，包括论文发表、科研项目获批等。这种奖励机制鼓励教师深入学科领域，推动学科的创新和发展，提高整体的学科水平。

此外，绩效奖金作为一种根据教师工作表现进行的奖励机制，通过考核教学效果、学科建设等绩效指标，为表现突出的教师提供额外的奖励。这种奖励形式能够更直接地反映教师的工作贡献，激发其更高的工作积极性和责任感。

学校通过这些奖励机制，旨在打造一个有利于教师全面发展的激励系统，提高教师的专业水平和工作热情。奖励不仅是对个体教师的认可，更是整个学校对于教学、科研等方面的追求卓越的价值观的体现。

（2）惩罚机制

学校的惩罚机制在规范教师职业行为和维护教育质量方面发挥着至关重要的作用。这一机制旨在有效应对教师在工作中可能出现的失误和不当行为，以确保教育环境的良好秩序。以下是一些典型的惩罚机制：

教育事故处理机制是学校设立的重要惩罚机制之一。它主要应对影响教育质量的意外事件或事故，确保对于教育事故的处理具有明确的程序和标准。这有助于防范和解决一些突发性问题，维护学校的正常运行。

职业操守违规处罚机制则针对那些违反职业操守的行为。这可能包括一系列不当行为，如侵犯学生权益、违反规章制度等。通过建立相应的违规处罚机制，学校能够对于涉及职业操守的问题做出及时而公正地处理，以维护教育行业的良好形象。

此外，对于一些职业行为不当的教师，学校还可以采取减少其专业发展机会的方式进行惩戒。这种机制通过限制教师的晋升、培训等机会，达到激励教师规范行为的目的。这同时为其他教师树立了明确的行为规范，推动整个教育机构建立更加正向的激励体系。

良好的奖惩机制有助于形成正向的教师激励体系，推动教育机构不断提升教学水平和学科发展水平。通过奖励优秀和惩罚不当行为的方式，学校能够培养出更加专业、更加负责任的教育专业人才，为教育事业的长远发展奠定坚实的基础。

2.培训和支持

学校提供全面的培训和支持对于塑造教师的专业水平和推动其专业发展至关重要。一方面包括了针对新教育理念和先进教学方法的培训，以确保教师能够紧跟教育领域的最新发展。另一方面，支持方面涉及教学资源、团队协作等方面的保障，旨在为教师提供良好的工作环境和发展条件。

学校通过提供系统的培训，将新的教育理念和最先进的教学方法传递给教师。这种培训不仅包括学科知识，更关注教学策略、评估方法以及与学生互动的技巧。通过不断更新教育理念，学校培养出具备创新意识和适应性的教师队伍，使他们在不同的教学场景中能够灵活运用各种方法。

学校的支持体系涉及提供教学资源和促进团队协作。教学资源的充足与否直接影响到教师在课堂上的教学效果。学校需要为教师提供足够的教学工具、图书馆资源、实验室设施等，以支持他们进行高质量的教学活动。同时，通过鼓励团队协作，学校能够创造一个共享经验和资源的环境，教师之间相互学习和交流，促进专业共同体的形成。

第三节　建构健康积极的教师职业文化策略

一、建构策略阐述

（一）明确文化构建的目标

1.明确教师特质的培养目标

在构建积极健康的教师职业文化时，明确教师特质的培养目标至关重要。这一任务不仅涵盖了专业技能的培养，还包括了培养教师创新思维、团队协作等多项软技能。通过明确教师特质的培养目标，学校能够建立起系统性的培训计划，有力地促进教师整体素质的提升。

明确教师需要具备的专业技能是培养目标的重要组成部分。这包括对教学内容的深入理解、高效的课堂管理技能、先进的教育技术运用等。通过系统性的培训，学校可以确保教师在专业领域内具备前沿的知识和实际操作技能，从而提升其教学水平。

培养创新思维是建构积极教师文化的关键目标。学校可以通过组织创新教学法的培训、设立教学创新奖励等方式，激发教师在教学中探索新方法、尝试新理念，从而培养其创新思维和实践能力。

团队协作也是明确的培养目标之一。培养教师在团队中的协作精神，强化他们的团队合作能力，不仅有助于共同推进学校的教育事业，还能够促使教师在相互交流合作中形成共同的价值观和职业认同感。

2.塑造职业价值观的核心目标

在建构健康积极的教师职业文化中,明确塑造职业价值观的核心目标至关重要。职业价值观是文化建设的核心,因为它直接影响着教师在教育事业中的行为准则和价值取向。因此,学校需要明确塑造何种职业价值观,以引导教师形成积极向上的职业认同。

奉献精神是塑造职业价值观的核心目标之一。学校可以通过组织奉献精神培训、分享优秀教学案例等方式,强调教师在教育事业中的使命感和责任感,引导他们将奉献作为职业的价值追求。

责任心是另一个重要的职业价值观目标。通过明确教师在学生学业和成长中的责任,学校可以鼓励教师更加主动地承担起教育使命,保证学生得到良好的教育体验。

关爱学生也是塑造职业价值观的核心目标之一。通过培训和实践活动,学校可以强调教师对学生全面发展的关注,引导他们建立亲近而关爱的教学关系,使学生成为自己的关心对象。

3.有针对性地文化策略目标

为了实现有针对性的文化策略目标,制定文化构建的目标至关重要。明确这些目标后,需要设计具有针对性的文化策略,以确保文化建设朝着积极向上、有益于教师发展的方向发展。

建立导向性的培训体系是一个重要的文化策略目标。通过制订有针对性的培训计划,学校可以确保教师接收到新教育理念、先进的教学方法等多方面的知识传递。这有助于提高教师的整体素质,使其更好地适应快速变化的教育环境。

激励机制的优化是另一个关键的文化策略目标。通过对奖励机制的优化,如设立教学优秀奖励、科研成果奖励等,可以激发教师更高的工作激情,促进他们为学科发展和学校文化建设做出更大的贡献。

文化活动的精心设计也是有针对性的文化策略目标之一。通过组织具有教育性和娱乐性的文化活动,如文化节、座谈会等,学校可以增强教师的集体凝聚力,形成共同的价值观和文化认同。

(二)制订全员参与的文化参与机制

1.培训计划的全员参与机制

在文化建设中,培训计划的全员参与机制是确保教育机构内部各层次人员都能积极参与培训活动的关键。为了构康积极健康的文化,制订全员参与的培训计划需要采取一系列措施,以激发教师的积极性,提升整体教育水平。

建立有吸引力的培训内容是全员参与机制的基础。培训计划应该覆盖广泛的主题,包括但不限于新教育理念、先进的教学方法、教育前沿知识等。通过设计实用、有趣、前瞻性的培训内容,能够激发教师对培训的兴趣,提高其参与的积极性。

建立培训需求调查机制,充分听取教师的意见和建议。通过定期开展培训需求调查,学校可以了解到教师对于培训的期望和需求,从而有针对性地制订培训计划。这有助于培训计划更贴近教师的实际需求，提高其参与度。

采用灵活多样的培训形式也是全员参与的关键。除了传统的培训课程，还可以开展专题研讨会、座谈会、教学观摩等形式多样的培训活动，以满足不同教师的学习习惯和需求。

建立有效的激励机制，鼓励教师参与培训。通过设立培训成果奖励、学分积分等制度，学校可以激发教师积极参与培训，提高其专业素养和教育水平。

2.文化建设活动的广泛参与

文化建设活动的广泛参与是确保整个教育机构文化健康的关键因素。通过定期举办座谈会、文化沙龙、文化建设活动，学校能够促进全员参与，包括教师在内的各层次员工都可以积极参与其中，形成共同的文化认同。

座谈会是一种有效的文化建设活动，通过组织座谈会，可以让教师们分享彼此的教学心得、经验，交流教育理念，促进教学水平的提升。座谈会还能够为教师提供一个畅所欲言的平台，从而增进师生之间的沟通和理解。

文化沙龙是另一种有趣的文化建设活动形式，通过组织各类主题的文化沙龙，可以拓宽教师的视野，激发创新思维。教师们可以在轻松愉快的氛围中交流学科知识、分享学术研究成果，从而促进文化建设的多样化。

团队建设活动也是重要的文化建设手段，通过组织各类团队活动，可以增强教师之间的协作意识和团队凝聚力。团队建设活动有助于打破部门之间的壁垒，形成整体合力，推动文化建设向更高水平发展。

3.建立在线平台促进交流

建立在线平台是促进全员参与的一种创新手段。通过创建在线论坛、博客、社交媒体等多元化的网络工具，学校可以搭建一个便捷而高效的交流平台，为教师提供自由互动的空间，推动全员参与文化建设的活动。

通过在线论坛，教师们可以发表自己的教育心得、学科见解，提出问题并分享解决方案。这种开放性的交流环境能够促进教师间的深层次讨论，打破时间和地域的限制，使交流更为灵活性和及时性。

博客平台则为教师提供了一个展示个人专业成果和见解的平台。教师可以通过博客分享自己的教学创新成果、学科研究心得等，进一步激发全员的积极性和创造性。

社交媒体的运用也是推动全员参与的重要工具。通过在社交媒体上建立专业群组或页面，学校能够建立起一个实时互动的社区，教师们可以及时获取学科前沿信息、交流教学心得，形成更紧密的职业社交网络。

（三）推行激励机制，促进积极文化的形成

1.设立文化建设奖项

设立文化建设奖项是激励机制中的一项关键举措。通过建立专门的文化建设奖项，学校可以充分肯定在文化建设中表现出色的教师，为其付出的努力和取得的成就给予公开的认可。

这样的奖项可以涵盖以下几个方面,包括但不限于。

(1)文化建设领导奖

表彰在文化建设中具有卓越领导力的教育管理者,鼓励他们在推动文化建设方面发挥带头作用。

(2)文化创新奖

对于在文化建设中提出并实施创新方案的教师进行奖励,鼓励教师不断尝试新的文化建设方法。

(3)文化贡献奖

奖励在文化建设中做出杰出贡献的教师,无论是通过组织活动、培训、还是通过其他方式推动文化的形成。

(4)文化传播奖

表彰在推动文化传播方面具有突出贡献的教师,包括通过在线平台、社交媒体等途径推动文化理念的传播。

这些奖项的设立不仅可以激发教师的积极性,还可以树立文化建设的典范,为其他教师提供学习的榜样。通过公开而透明的激励机制,将能够推动学校积极向上的文化形成,促进整个教育团队的共同进步。

2.实施绩效奖金政策

实施绩效奖金政策是激励机制的重要组成部分,对于建构健康积极文化具有显著的促进作用。该政策的制定需要根据教师在文化建设中的贡献制定明确的评估标准,以确保奖金的公正与公平。

学校可以建立一套全面的绩效评估体系,包括但不限于教学质量、文化建设参与度、团队协作等多个方面。这样的评估标准应该综合考虑教师的教育理念、教学效果以及在文化建设中的创新能力等方面的表现。

应该设定奖金额度与绩效评估的结果直接挂钩。在评估中表现优异的教师可以获得更高额度的绩效奖金,以激发他们在文化建设中的更高积极性。

为了确保政策的公正性,建议将绩效评估过程透明化,向全体教师充分说明评估标准、流程和奖金发放规则。这样可以增加教师对于绩效奖金政策的认可度,提高其参与文化建设的积极性。

3.建立表扬机制

建立表扬机制是推动积极文化建设的关键一环。通过设定定期表扬制度,学校可以将积极的文化建设行为纳入正式的评价体系,从而激励更多的教师积极参与文化建设,培养良好的文化氛围。

学校可以建立逐月或逐季的表扬机制,定期评选出在文化建设中表现优秀的教师。这可以包括教育理念的创新、文化活动的策划、团队协作等多个方面的表现。这样的机制有助于及时发现和肯定文化建设中的亮点和先进典范,为教师树立良好榜样。

表扬机制可以通过多种形式进行,如颁发荣誉证书、颁发奖状、发放奖金等。这些奖励不仅是对教师的努力是一种公开认可,还是一种激励,促使更多教师积极参与文化建设,形成共鸣。

学校可以将表扬活动纳入学校年度规划,形成制度性的、长期性的表彰机制。这有助于培养文化建设的习惯,使之逐渐融入学校的日常运作中,进一步巩固文化建设的成果。

(四)建设导向性强的教育理念

1.明确教育理念的核心内容

明确教育理念的核心内容是构建健康积极文化的关键一环。学校在建设导向性强的教育理念时,需要清晰明确其核心内容,以形成广泛共识,引导整个文化建设朝着明确的方向发展。

关注学生全面发展是教育理念的核心之一。学校可以明确强调培养学生的综合素养,包括智力、情感、品德等各个方面。这不仅意味着注重学科知识的传授,更包括培养学生的创造力、沟通能力、团队协作等综合素质,使学生在未来能够更好地适应社会发展的需求。

培养创新思维是教育理念的另一核心内容。学校可以明确倡导培养学生的创新精神、探究能力和解决问题的能力。通过激发学生的好奇心、培养批判性思维,学校可以为学生未来在社会和职业领域的成功打下坚实的基础。

注重个性化教育也是一个重要的核心内容。教育理念可以强调关注每个学生的个体差异,采用灵活多样化的教学方法,以满足不同学生的个性化学习需求。通过个性化教育,学校能够更好地发掘和挖掘学生的潜力,实现教育的最大效益。

明确教育理念的核心内容有助于在学校形成共同的价值观和目标感,为文化建设奠定坚实基础。这不仅有助于引领教育工作者朝着共同的方向努力,也有助于形成学校在教育事业中的独特特色和优势。

2.制订贯彻教育理念的实际行动计划

贯彻教育理念至实际行动是建设文化的关键环节。为了确保理念在日常教育实践中得到充分体现,学校需要制订具体的行动计划,涵盖教学设计、学科建设、课外活动等多个方面。

在教学设计方面,学校可以推动教师结合教育理念,设计符合学生特点和综合素养培养的教学内容和方法。引导教师关注课程的深度和广度,注重培养学生的创新能力和问题解决能力。同时,通过定期的教学交流和评估,确保教学实践与教育理念的一致性。

学科建设方面也应融入教育理念。学校可以通过拓展学科课程,引入跨学科的教学内容,促进学科之间的融合与互动。培养学科专业性的同时,注重培养学生的综合素养,使其具备更广阔的知识视野和批判性思维。

学校还可以在课外活动中体现教育理念。通过组织丰富多彩的课外活动,如社团、讲座、实践活动等,为学生提供更广泛的发展空间。这些活动应与教育理念相契合,旨在培养学生的兴趣爱好、团队协作和创新精神。

在行动计划中,学校还可以注重学生的参与和反馈。鼓励学生参与教育决策,通过调查问卷、座谈会等形式,收集学生对于教育理念实施的意见和建议。这有助于建立学校与学生之间更紧密的合作关系,形成共建共享的文化氛围。

3. 建立导向性强的培训体系

建立导向性强的培训体系是实现文化建设目标的重要手段。为确保培训体系与学校教育理念紧密贴合,学校需要通过培训课程、讲座等形式,使教师深刻理解学校教育理念的导向性,从而在实际工作中有的放矢地推进文化建设。

培训体系应以学校的教育理念为核心。培训内容应紧密围绕学校的核心价值观和教育目标展开,使教师能够清晰地理解学校期望达到的文化建设目标。通过专业的培训课程,教师能够更全面、更深入地了解学校文化的内涵,形成对教育理念的深刻认知。

培训体系应注重与教师实际工作的结合。培训内容不仅要理论丰富,还应具有实践操作性,帮助教师将理论知识转化为实际教学中的有效策略。这有助于提高教师对学校文化建设的实际操作能力,使其在实践中更好地贯彻学校的教育理念。

培训体系应具有系统性和连续性。培训不应该是一次性的活动,而是一个系统的、连贯的活动。通过定期的培训计划,学校能够持续地向教师传递文化建设的理念,使其逐步形成对学校文化的认同,并在日常工作中贯彻执行。

培训形式可以多样化,包括专业讲座、座谈交流、案例研讨等形式。通过灵活多样的培训方式,能够更好地激发教师的学习兴趣,提高培训的实效性,从而更好地推动文化建设的实际发展。

二、文化健康的标准与评估

(一)明确文化健康的标准

1. 教师对教育事业的热情度

文化健康的标准之一即为教师对教育事业的热情度,这是一个直观而重要的指标,用以评估文化建设的成效。教师对教育事业的热情度在很大程度上反映了学校文化积极向上的态度。这一标准不仅包括教师的专业投入,还涉及教学热情和对所教学科的热爱等方面的表现。

专业投入是教师对教育事业热情度的一个重要体现。积极的文化建设应当能够激发教师在教学过程中的创造力和责任心。表现为更加用心备课、关注学生个体差异、不断追求教学创新等,专业投入是构建积极文化的核心元素。

教学热情是评估热情度的另一个关键方面。热情洋溢的教学风格能够激发学生的学习兴趣,建立起积极向上的学习氛围。教师通过生动有趣的授课方式,展现对知识的热爱,传递给学生积极的学习态度,从而推动整体文化朝着积极的方向发展。

对所教学科的热爱也是教师热情度的一个重要体现。对学科的热爱能够激发教师深入挖掘学科内涵，不断提升自身的学科素养，使其在教学中能够更富有激情地传递知识。这种对学科的热爱也会在教学中感染学生，促使他们对知识产生浓厚兴趣。

2. 职业操守

文化健康的标准之一是评估教师的职业操守。这方面的评估涵盖了多个维度，其中包括教师的诚实守信、责任心以及对学生的关心等方面。职业操守在文化建设中扮演着关键的角色，直接关系到文化的道德风貌，对学校整体形象和教学质量具有深远的影响。

诚实守信是职业操守评估的基础之一。诚实守信的教师能够在教学和管理过程中保持真实、正直的态度，与学生、家长和同事建立起信任的基础。这种诚信的文化氛围有助于形成积极的校园环境，提升整体文化的健康水平。

责任心是评估职业操守的重要维度。具有高度责任心的教师在工作中能够认真履行职责，对学生的学业和全面发展负起积极的责任。这种责任心不仅表现在教学过程中，也延伸到对学生个体差异的关注、课外活动的组织等方方面面，为学校树立了积极向上的榜样。

对学生的关心也是职业操守评估的重要内容。教师在文化建设中应当体现对学生的关心和关爱，通过与学生建立良好的互动关系，关心学生的成长和发展。这种文化有助于形成充满温暖和关爱的校园氛围，对学生的全面发展起到积极地推动作用。

3. 团队协作

在文化健康标准中，团队协作被视为一个至关重要的评估维度。通过对教师在团队中的协作能力、共享资源的意愿以及相互支持的表现力等方面进行评估，来判断学校文化中团队协作的水平。良好的团队协作不仅有助于形成融洽的工作氛围，还能够推动共同目标的达成，提高整体文化的健康水平。

团队协作能力是团队协作评估的核心。教师需要具备良好的沟通与合作技能，能够有效地与同事合作，形成高效的团队。具备较高团队协作能力的教师能够更好地融入学校文化，促进团队的协同作战，从而为学校整体发展创造更有利的条件。

共享资源的意愿也是团队协作的重要衡量标准。在文化建设中，教师是否愿意分享自己的经验、教学理念，直接关系到团队的凝聚力和效率。共享资源的文化有助于形成学习型组织，激发创新和共同进步的动力。

相互支持是评估团队协作的关键因素之一。团队成员之间是否能够在困难时给予积极支持，是否形成相互信任的工作氛围，都是团队协作水平的直接反映。相互支持的文化不仅促进了个体的成长，也增强了整个团队的凝聚力，为学校文化的形成和发展提供了强有力的支撑。

（二）建立多层次的文化评估机制

1. 定期的文化调查

定期进行文化调查是建立多层次文化评估机制的一项重要手段。通过定期的问卷调查

（附录一），学校能够深入了解教师对于文化建设的认知、期望以及满意度，为制定和调整文化建设策略提供具体的数据支持。

文化调查有助于了解教师对学校文化的认知。通过设计有针对性的问题，可以了解教师对学校文化的了解程度、对学校核心价值观的理解以及对学校愿景使命的认同程度。这样的调查结果能够帮助学校及时发现在文化传达和宣导等方面可能存在的不足，从而有针对性地加强和优化相关工作。

文化调查可以收集教师对于文化建设期望的反馈。了解教师对于学校文化期望的方向，可以指导学校在文化建设上进行更为精准地规划和改进。教师的期望是文化建设成功的关键因素之一，通过调查获取这些期望，学校可以更好地满足教师的需求。

满意度调查是文化评估的一个重要方面。了解教师对学校文化的满意度，可以客观地反映学校文化建设的实际效果。通过定期的满意度调查，学校可以实时了解教师对文化建设的反馈，及时调整策略，确保文化建设工作朝着积极向上的方向发展。

2. 教师满意度调查

教师满意度调查（附录二）是文化评估中至关重要的环节。通过细致而全面的调查，可以获取教师对整体工作环境、学校文化氛围以及相关管理政策满意度的信息，进而深入了解教师对学校文化的整体认可程度，为学校提供改进和优化的具体改进方向。

教师满意度调查关注教师的整体满意度。这一方面的问题可能涵盖薪酬福利、职业发展机会、工作环境等多个方面。通过综合评估，学校可以了解教师在工作中的整体满意度，为改善教师工作条件提供参考。

调查可以聚焦于教师对学校文化氛围的满意度。问题的设计可能包括对学校的领导风格、团队合作、师德建设等方面的评价。这方面的反馈将帮助学校了解教师对学校文化的感受，指导学校在文化建设方向上的改进。

教师满意度调查还可以涉及对教学资源、培训机会、沟通途径等的满意度评价。这有助于全面掌握教师对学校各方面支持和保障的感受，为学校提供更具体的改进建议。

通过收集并分析这些数据，学校可以全面了解教师的期望和需求，及时发现问题，调整管理策略，提升整体工作满意度。因此，教师满意度调查是促进文化建设、提高教育质量的有效工具，为学校持续提供改进和优化的方向。

3. 文化氛围评估

文化氛围评估是确保学校文化健康的关键环节，通过多方位的观察、访谈、案例分析等方式，全面了解文化氛围中的各种元素，以及是否存在积极向上的氛围或不良文化的存在。这一综合评估的过程对于制定有针对性的文化调整策略至关重要。

观察是文化氛围评估的重要手段之一。通过对学校日常生活和工作环境的观察，可以发现许多反映文化氛围的细微信号。例如，教师之间的相互关系、学生和教师之间的互动、学校公共空间的氛围等都是观察的焦点。积极的文化氛围通常表现为融洽的人际关系、充满活力的学校气氛，而不良文化可能导致紧张的关系、冷漠的氛围等。通过细致入微地全面观察，学校能够及时发现文化氛围中的问题，并为及时改进提供线索。

访谈是了解文化氛围的重要途径。通过与教师、学生、家长等不同群体的访谈，可以深入了解他们对学校文化的感受和看法。访谈过程中可以涉及对学校领导风格、团队合作、学校核心价值观的理解等方面的问题交流。这样的深入交流能够为评估者提供来自多个角度的信息，帮助发现文化氛围中的亮点和问题。

案例分析也是文化氛围评估的有力工具。通过分析学校过去的文化建设活动、成功经验和挑战，可以总结出有关文化氛围的经验教训。了解过去文化建设的实际效果，有助于评估者更准确地把握当前的文化状况，为未来的文化调整提供借鉴和指导。

（三）引入外部评估机构进行独立评价

1. 外部专业机构的选择

在引入外部评估机构时，选择专业可信的机构至关重要，以确保评价的客观性和中立性。这一过程需要慎重考虑，可选择包括相关教育机构和专业顾问团队等机构，以便借助其丰富的评估经验和专业眼光进行学校文化建设的独立评估。

相关教育机构可能是一种理想的选择。这些机构通常具有深厚的教育背景和专业知识，拥有丰富的文化建设实践经验。通过与这些机构合作，学校可以受益于他们对于全球教育趋势和最佳实践的了解，确保文化评估能够站在更高的国际标准下进行。

专业顾问团队也是一个可行的选择。这些团队通常由在教育、心理学、组织发展等领域具有丰富经验的专业人士组成。他们能够提供个性化的建议，根据学校的具体情况量身定制文化建设的方案。专业顾问团队的独立性和专业性有助于确保评估的客观性和中立性。

在选择外部评估机构时，学校还应该考虑该机构是否具备与学校背景和文化相匹配的经验。这可以通过调查机构的历史项目、客户反馈以及团队成员的专业资质来进行评估。与学校有相似背景和理念的机构更有可能提供更具针对性和实际可行的建议。

2. 评价内容的全面性

外部评估机构在对文化健康方面进行评价时应该保证评价的全面性，覆盖教师个体、团队协作、学校领导层面等方方面面。通过多维度的评价，形成全景式的文化健康画像，为学校提供更具深度和广度的改进建议。

对于教师个体，评估机构可以关注教师的专业水平、教学热情、职业操守等方面。对个体层面的评价有助于了解每位教师在文化建设中的贡献和潜在的成长空间。通过对教师个体的评价，评估机构可以提供个性化的发展建议，帮助教师更好地融入学校文化。

团队协作是文化健康的重要组成部分。评估机构应关注团队内部的沟通、合作和共享资源的情况。通过深入了解团队之间的互动和协作程度，评估机构可以为学校提供改进团队协作的具体建议，从而促进更良好的工作氛围。

对学校领导层面的评价也是必要的。学校领导在文化建设中发挥着关键作用，评估机构可以对领导层的领导风格，对文化建设的推动力度等进行评估。通过深入了解领导层的表现，评估机构可以为学校提供更具针对性的管理建议，帮助学校领导更好地引领文化建设的方向。

在评价的过程中，外部评估机构应采用多种方法，包括观察、访谈、案例分析等，确保评价的全面性和准确性。通过形成全景式的文化健康画像，学校能够更全面、系统地理解自身文化的状况，为未来的发展提供有力的支持。

3.结果反馈与改进建议

外部评估机构的评价结果应该在评估完成后及时反馈给学校，同时反馈具体的改进建议。这一过程对于学校深刻理解文化健康的现状、认识改进的方向以及推动文化建设不断向前发展至关重要。

评价结果的及时反馈对于学校的发展至关重要。通过将评价结果及时传达给学校，可以让学校领导层和教师团队更迅速地了解文化健康的实际状况。这为学校提供了一个清晰的起点，有助于制订针对性地改进计划，更好地应对存在的问题。

改进建议的提供是评价过程中的重要环节。评估机构应该根据评价结果，结合学校的实际情况，提供切实可行的改进建议。这些建议应该具有可操作性，能够帮助学校迅速地、有效地开展文化建设工作。例如，对于发现的问题，提供解决方案和改进措施，为学校未来的发展指明方向。

改进建议应该考虑学校的特殊需求和文化背景。一套标准化的改进建议并不一定适用于所有学校，因此评估机构需要根据学校的具体情况提供个性化的改进建议，使其更贴合学校的实际需求。

（四）建立反馈机制，推动文化建设持续优化

1.教师意见和建议的采纳

建立教师的意见和建议采纳机制是推动文化健康持续优化的至关重要的一环。通过定期的座谈会、反馈会等形式，学校能够及时了解教师对于文化建设的看法和期望，为教师提供表达意见的平台，从而更好地满足他们的需求和期待。

定期的座谈会是促使教师参与文化建设的有效方式。在座谈会上，教师可以畅所欲言地分享他们对学校文化的感受、对文化健康的期望，以及改进建议。学校领导和管理团队可以倾听和记录这些意见，形成全面的反馈。

反馈会是教师表达意见的另一重要场合。通过定期组织的反馈会，学校可以详细了解教师对于之前提出的建议是否得到关注和解决，从而展现出学校对于教师意见的重视程度。这种及时的反馈有助于建立起良好的沟通机制，增强教师对于参与文化建设的信心和热情。

建立意见箱、网络平台等多样化的渠道也是教师表达意见的途径。通过这些渠道，教师可以在任何时间、任何地点提出自己的看法和建议，从而更好地体现了学校对于广泛意见征集的开放态度。

采纳教师的意见和建议并付诸实践是至关重要的一步。学校领导和管理团队应该认真对待每一份提出的建议，制订相关计划和方案，将这些建议融入文化建设的实际工作中。这不

仅能够优化文化建设策略，还能够提高教师的参与感和归属感，形成共建共享的文化氛围。

2. 快速响应机制

在文化评估的基础上，建立快速响应机制是确保文化建设持续发展的关键步骤。一旦获得文化评估结果或教师的反馈意见，学校应立即采取行动，迅速作出响应，以便及时调整策略、制订新的培训计划、改进沟通机制等，确保文化建设不断朝着健康积极的方向发展。

快速响应的关键在于对评估结果的及时分析。学校管理团队应该迅速审视文化评估的数据和意见反馈，深入挖掘问题的本质，确保对文化健康状况有准确地理解。只有在真实了解当前文化状态的基础上，学校才能有针对性地调整策略和计划。

迅速调整文化建设策略是快速响应机制的重要组成部分。基于评估结果，学校可以制定具体的改进措施，调整现有的文化建设策略，确保对发现的问题有迅速而有力地回应。这可能涉及重新规划培训计划、强化师资队伍建设、调整管理流程等多个方面。

制订新的培训计划是在快速响应机制中不可忽视的一环。通过及时的培训，可以满足教师在文化建设过程中新出现的需求，提升整体素质，更好地适应和推动文化健康地发展。改进沟通机制也是快速响应机制的关键一步。学校应该通过加强内外部沟通，及时向教师传递文化建设调整的信息、凝聚共识，确保整个教育团队对文化建设方向的理解一致，形成集体共识。

3. 定期复评与调整

文化建设是一个不断演进的动态过程，为了确保文化的健康和持续改进，学校应设立定期复评与调整的机制。这一机制通过在特定时间点重新评估文化的健康程度，为学校提供有力的数据支持，以便更好地理解文化的演变趋势并做出相应的调整。

定期复评是确保文化建设成果真实反映当前状态的关键。通过设立明确的时间点，学校能够定期收集文化建设的各项数据，包括教师的满意度、文化氛围评估、教师特质培养等方面的信息数据。这有助于建立一个全面的文化健康画像，揭露文化中可能存在的问题和潜在的改进空间。

通过复评的过程，学校可以更加深入地了解文化变革的效果。复评不仅关注当前文化状态，还对文化建设过程中所采取的策略和措施的效果进行评估。这样的深入分析可以为学校提供宝贵的经验教训，为今后的文化调整提供更加精准的方向。

在定期复评的基础上，学校应建立起灵活的文化调整机制。根据复评结果，学校可以采取有针对性的策略，包括调整培训计划、优化激励机制、改进沟通方式等，以确保文化建设一直朝着积极向上的方向发展。这也意味着学校应在调整策略时保持灵活性，根据不同时期的需求作出相应的变化。

定期复评与调整的机制有助于建立起一个可持续的文化建设循环。通过不断地反思和调整，学校能够适应外部环境的变化、满足教师的需求，并更好地实现文化健康的目标。这一机制为学校提供了一个动态管理文化的框架，确保文化建设始终紧跟时代潮流、促进教育事业的不断提升。

第四章　新时代学校文化与教师发展

第一节　学校文化的构建与传承

一、构建过程与原则

（一）学校文化构建的复杂性与长期性

学校文化的构建是一项复杂而漫长的过程，要确保其独特性和深刻性，需要全面考虑学校的历史、地域和办学定位等多方面因素。

在构建学校文化的过程中，需要深入挖掘学校的历史渊源，理解学校的成立缘由、发展历程以及曾经面临的各种挑战与机遇。通过对学校历史渊源的深刻理解，可以为文化建设提供深厚的历史积淀，使文化更具传承性和延续性。

地域因素是学校文化构建中不可忽视的一部分。学校所处地域的文化传统、社会风貌、地方特色等因素都会深刻地影响学校文化的形成。在构建学校文化时，需要充分考虑所在地区的文化特征，使学校文化与地方文化相契合，具备融合性和包容性。

学校的办学定位也是构建文化的重要参考。学校的教育理念、办学目标、课程设置等方面的定位将直接影响学校文化的形成。在构建学校文化时，必须确保文化与学校的办学定位保持一致，以确保文化建设与学校教育使命相互协调。

在这一复杂而长期的构建过程中，需要注重几项原则。首先，要注重融合发展原则，将学校的多元元素有机结合起来，形成一个有机的文化系统。这有助于使文化更加丰富和具有内在的一致性。其次，要尊重个性原则，充分考虑每个成员的个性需求，形成共同尊重的文化氛围，让每个成员在文化中都能找到归属感。最后，要注重实践操作原则，确保文化建设不只是停留在理念层面，更要通过实际行动贯彻文化原则，使文化理念在学校的方方面面都得以体现。

学校文化的构建是一个既具有挑战性又具有深远意义的任务。只有在深入挖掘学校的独特性、综合考虑多方面因素的基础上，才能构建出具有鲜明特色和深厚内涵的学校文化。这一过程需要学校全体成员的共同努力，逐步形成并不断丰富完善，为学校的可持续发展提供坚实的文化支持。

（二）构建原则的指导作用

1.融合发展原则

融合发展原则是学校文化构建中的重要指导方针，要求将学校的多元元素有机结合，形成一个有机的文化系统。这一原则涉及各种文化元素的融合，以确保它们相辅相成，协同作用，最终共同构建出具有独特魅力和深刻内涵的学校文化面貌。

首先，在实践中，融合发展原则体现为对多元文化元素的合理整合。学校可能涉及多种文化传统，包括地方文化、学科文化、学术文化等。在融合发展的过程中，需要通过对这些不同文化元素的深度挖掘，找到它们之间的共性和关联，建立一个相互融合的文化体系。这可以通过创造性的活动、文化节庆、主题活动等手段来实现，使不同文化元素在特定的环境中相互融合、互相补充，形成更为综合丰富的文化面貌。

其次，融合发展原则还要求在学校文化的各个方面实现协同配合作用。这包括学校的价值观、教育理念、管理风格等方面。在实际操作中，可以通过明确学校的核心价值观，确保其与学校教育理念、管理风格的一致性，使这些要素在整体上形成一种统一的文化步局。此外，通过在管理实践中注重协同配合，形成统一战线，共同推动学校文化向更高水平发展。

融合发展原则的实施还需要关注文化元素的平衡。在多元文化的融合中，要避免某一文化元素过于突出，导致其他元素被忽视。平衡各个文化元素的关注度，确保它们在学校文化中的地位相对均衡，形成一个协调有序的整体。

2.尊重个性原则

尊重个性原则是学校文化构建中的重要指导原则，强调在文化建设过程中要充分考虑每个成员的个性需求，从而形成共同尊重的文化氛围。这一原则体现了对个体差异的尊重性和包容性，旨在为每个成员提供一个能够真正认同和发挥个性优势的学校文化环境。

尊重个性原则要求学校在文化建设中不应忽视个体的差异性。每个教师和学生都是独特的个体，拥有自己的价值观、兴趣爱好、学科特长等方面的个性特征。因此，在制订和传递学校文化时，应该考虑到这些差异，避免一刀切的标准化要求，从而使每个教师在学校文化中找到自己的定位。

尊重个性原则强调在文化构建中要关注个体的需求和期望。通过设立各种个性化的发展通道、提供多样化的培训机会，学校可以更好地满足成员在职业发展和个人成长方面的不同需求。同时，建立良好的沟通机制，鼓励教师表达自己的观点和建议，使学校文化更具包容性和灵活性。

尊重个性原则还需要通过具体的文化实践来得以体现。例如，可以通过组织个性发展规划工作坊、举办个性展示活动等方式，让每个教师更好地认识和展现自己的个性化特质。这有助于增进师生之间相互了解，促使他们更好地融入学校文化大家庭。

3.注重实践操作原则

注重实践操作原则是学校文化建设中的一项关键原则，强调不仅要在理念层面上确立文化的核心价值，更要通过切实可行的实际行动贯彻这些文化原则。这一原则的实施需要将学校的文化理念有机融入日常的实际操作中，通过各种实际活动和项目的开展，真实体现学校文化的核心价值观。

注重实践操作原则要求学校将文化理念融入日常实践中。这可以通过制订具体的操作计划，明确每个成员在日常工作中如何贯彻学校文化的核心价值。例如，在教学活动中，可以通过设计特定的课程内容、教育活动等方式，引导教师和学生在实际操作中体现学校文化所倡导的思想和价值观。

实践操作原则要求学校通过各种实际活动来体现文化的核心价值。这可以包括组织文化主题的座谈会、讲座、文艺汇演等，通过这些活动为师生提供展示自己文化认同的机会。同时，学校还可以开展以文化为主题的各类比赛、项目，通过实际参与的方式，让师生更加深入地理解和体验学校文化。

注重实践操作原则还强调了学校文化的可操作性和实用性。在制订文化建设计划时，要考虑到实际操作的可行性，避免过于抽象和空泛。通过具体的实践操作，师生能够更好地理解和贯彻学校文化的核心价值，形成文化在实际工作中的具体指导作用。

二、传承机制与实践

（一）传承机制的建立

1. 对学校历史的深刻理解

建立传承机制的首要步骤是对学校历史进行深刻地理解。这涉及对学校创建的背景、发展的历程以及历史事件对文化形成的深刻影响的全面把握。通过对学校历史渊源的深入研究，可以更好地理解学校文化的根源和演变过程，为文化的传承奠定坚实的基础。

对学校创建过程的深刻理解是建立传承机制的前提。了解学校的创建原因、初始目标以及创建者的愿景，有助于把握学校文化的初衷和最初的核心价值。这样的理解可以为学校文化的传承提供深刻而明晰的方向，确保文化传承的连贯性和稳定性。

对学校发展历程的深刻理解有助于揭示文化形成的内在机制。了解学校在不同历史时期的发展取向、取得的成就以及面临的困境，有助于理解学校文化是如何随着时间而演变和适应变化的。这样的理解可以为传承机制提供丰富的历史故事，激发师生对学校文化的认同感。

深刻理解历史事件对文化形成的影响是建立传承机制不可或缺的一部分。历史事件对学校文化的塑造产生深远影响，了解这些事件的发生的原因和影响，有助于理解学校文化中一些特定的信仰、价值观的形成。这样的理解可以为传承机制提供更为具体和实践性的指导，确保文化的传承不只停留在理论层面，更贴近实际。

2. 对文化核心价值的牢固认同

建立传承机制的基础在于学校成员对文化核心价值的牢固认同。这意味着学校的师生要深刻理解并内化学校文化的核心理念，将其视为共同遵循的行为准则，从而实现文化的传承与发展。

对文化核心价值的深刻理解是确保传承机制有效运作的前提。学校成员需要深入研究学校文化的核心价值，包括学校的愿景、使命和核心信仰。这种深刻理解不仅仅是对文化表面的了解,更是对其背后深层次意义的把握,使每个成员都能真正理解学校文化的内涵。

内化文化核心价值是传承机制能够顺利进行的重要环节。学校成员需要将文化的核心价值融入自己的思想观念和行为规范中,使其成为个体行为的内在动力。这种内化过程不仅要求个体在日常工作和学习中践行文化价值,更要求其在面对困难和挑战时能够准确把握文化核心价值的引导作用。

共同遵循文化核心价值是传承机制发挥作用的实质。通过确保学校所有成员对文化核心价值的牢固认同,可以实现学校内部的一致性和统一性。每个成员都将文化核心价值融入自己的职责和行为中,形成共同的文化氛围,从而推动学校文化的传承和发展。

(二)传承实践的多元手段

1. 制订明确的传承计划

通过制订明确的传承计划,学校能够有针对性地组织文化传承活动,从而确保学校文化的延续性。这一计划的制订应该是系统性的,涵盖多个方面,旨在促进学校文化的传承和发展。

明确的传承计划需要对文化内涵进行深入剖析。学校可以通过召开专题会议、成立传承工作组等方式,深入挖掘学校文化的核心要素,包括愿景、使命、核心价值等。通过对这些要素的深度解读,有助于为制订传承计划提供坚实的理论基础。

传承计划应该包括多样化的文化传承活动。这可以包括定期的文化传承课程、专题讲座、座谈会等形式。通过多层次、多角度地活动,学校成员能够更全面地了解和体验学校文化的内涵。此外,可以通过与校友的交流、文化传承展览等方式,拓展传承活动的多样性,使文化传承更具深度和广度。

传承计划需要注重跨代传承。学校可以通过建立学长学姐制度,开展文化传承活动等方式,促进不同年代成员之间的交流和互动。这有助于更好地传承学校的传统,形成文化的薪火相传。

传承计划的制订要考虑到整体的战略规划。学校可以结合自身的发展战略,将文化传承纳入整体规划中。这包括在学校发展规划中明确文化传承的地位和任务,为传承计划提供更为有力的支持。

2. 培养文化传承骨干队伍

培养文化传承骨干队伍是确保传承机制有效运作的关键环节。这一过程旨在通过对那些具有传承意愿和能力的成员进行有计划地培养,形成一支专业而高效的文化传承团队,以更有效地组织和推动文化传承的工作。

培养文化传承骨干队伍需要明确培养目标和标准。学校应该明确传承骨干的培养目标,包括对学校文化核心价值的深刻理解、传承活动的组织策划能力、跨代传承的沟通能力和引导技能等方面。通过明确培养标准,学校能够更好地筛选和培养具备优秀传承潜质的骨干成员。

培养计划应该注重理论知识和实践技能的结合。文化传承骨干队伍的培养既要注重对学校文化核心理念的深入学习，也要注重实际传承活动的实践操作。培养计划可以包括定期的培训课程、实地参与传承活动、与前辈进行互动等多种形式，以提高骨干队伍的综合素养。

培养过程要强调跨代传承的机制。在培养计划中，应该设置跨代传承的环节，使传承骨干队伍有机结合学长学姐的经验和智慧。通过与前辈的深度交流，骨干队伍能够更好地理解学校文化的深层内涵，更具备引领和指导后辈的能力。

培养文化传承骨干队伍需要建立有效的激励机制。学校可以通过设立奖励机制、提供晋升机会、为骨干成员提供专业发展平台等方式，激发骨干队伍的积极性和责任感，从而更好地推动文化传承工作。

3. 开展文化传统的培训

定期进行文化传统的培训是保持文化传承活力的重要手段。这一培训的目标是为新加入的成员提供深层次的学校文化了解，促使他们更快地融入学校的文化氛围，加速文化传承的过程。

文化传统培训应该包括学校历史、核心价值观等方面的内容。新成员需要对学校的过去有清晰地认识，了解学校的创办初衷、历史沿革等，以更好地理解学校文化的渊源。同时，核心价值观的深入讲解有助于新成员把握学校文化的核心理念。

培训内容应该涉及文化传承的实际操作和参与。通过组织参观活动、座谈交流、亲身体验等方式，新成员可以更直观地感受学校文化的独特之处，理解文化传承的具体做法。实际操作的培训有助于将理论知识转化为实际行动，使新成员更好地融入文化传承的实践中。

培训过程要注重与传统文化传承骨干队伍的互动。通过与有经验的传承骨干成员互动，新成员可以得到更为贴切地解释和引导，更好地理解学校文化的深层内涵。这种互动形式也有助于促进新老成员之间的沟通和交流，形成良好的学习氛围。

培训的评估和反馈是培训过程中不可忽视的一环。通过定期的培训评估，学校可以了解培训效果，及时调整培训内容和方式，确保培训取得最佳效果。同时，为新成员提供反馈渠道，鼓励他们分享培训感悟和建议，促使培训不断优化和改进。

4. 注重跨代传承

注重跨代传承是确保学校文化传承的关键策略。通过学长学姐制度和丰富多彩的文化传承活动，学校能够在不同年龄层次的成员之间建立更为紧密的联系，实现文化的代代相传。

学长学姐制度是促使跨代传承的一项有效机制。通过建立学长学姐与新生之间的师徒制度，实现经验和智慧的传承。学长学姐作为学校文化的传承者，可以通过亲身经历和实际操作向新生传递学校文化的内涵，引导新生更好地融入学校大家庭。这种人际关系的建立有助于新生更快速地适应学校文化，形成对文化的深刻认知。

举办丰富多彩的文化传承活动也是推动跨代传承的有效途径。例如，学校可以定期组织文化讲座、座谈会、主题活动等，邀请不同年级的成员参与。通过这些活动，学校能够打破年级界限，促使不同年龄层次的成员之间进行深入的交流和互动。这种横向的交流有助于形成共同的文化认同，加强学校成员之间的凝聚力。

利用传统节庆或校庆活动也是推动跨代传承的重要方式。在这些活动中，学校可以安排传统文化展示、校史回顾等环节，让不同年龄层次的成员共同参与，感受学校文化的历史底蕴。通过这样的方式，学校能够激发对文化的热爱，促使学校成员更加珍视和传承学校的优良传统。

第二节　学校文化对教师发展的影响

一、影响机制分析

（一）学校文化对教师职业认同的影响

1. 学校发展目标的塑造

学校文化的核心之一是通过明确的发展目标来塑造教师的职业方向。这一方面通过定义清晰的学校愿景和目标，为整个学校创造了一个共同的奋斗目标。这个目标不仅是学校的发展方向，更是教师个体在这个共同目标下的职业方向。学校的发展目标往往涵盖了多个方面，包括教育质量的提升、学生综合素养的培养、校园文化的建设等。教师通过对这些目标的认同，逐渐形成对学校发展方向的深刻理解。

教师对学校发展目标的认同不仅是表面上的接受，更是对自身职业方向的深刻把握。通过深入理解学校的使命和愿景，教师能够将个体的职业发展与学校的整体目标相紧密结合。这种认同感不仅是一种理念上的认可，更是对学校文化的内在融入。教师通过对学校发展目标的认同，不仅能够更好地理解自己在整个教育体系中的位置，还能够在个人发展的过程中对照学校的发展目标，从而更加明确自己的职业方向。

学校发展目标的塑造在很大程度上是一种引导和激励机制。学校通过明确的目标，为教师提供了一个奋斗的方向。教师在追求个体发展的同时，也在为学校的整体目标而努力。这种共同的奋斗目标激发了教师的责任感和归属感，形成了一种紧密的组织凝聚力。同时，学校通过发展目标的设定，为教师提供了一个更加明确的职业发展路径。教师在这个路径上不仅能够清晰地看到个体的成长方向，还能够通过努力实现学校的发展目标，推动个体职业的不断进步。

2. 学校的价值观念

学校的价值观念在塑造教师的价值观和职业追求方面发挥着深刻而重要的作用。学校文化传达的价值观念不仅是一种理念上的表达，更是对于学校内部行为规范和人际关系的引导。这种影响作用不仅体现在教师的个体层面，更在整个学校形成了一种共享的文化氛围。

学校文化传达的价值观念直接影响着教师的个体价值观和职业理念。学校的价值观念通常涵盖了诸多方面，包括对教育使命的理解、对学生发展的期许、对师生关系的看法等。这些价值观念通过学校的文化渠道传达给教师，深刻地塑造了教师的认知框架和价值取向。例如，如果学校价值观念强调学生全面发展，教师在这种观念的熏陶下，更容易将学生个体差异纳入教学考量，关注学生的个性发展。

教师在共享学校价值观的基础上，建立起对自身职业的认同感。学校的价值观念不仅是一种外在的灌输，更是一种内在的认同过程。通过学校价值观念的共享，教师在组织文化中建构起对自身角色的深层认同感。这种认同感不仅源于个体对学校价值观的接受，更是通过实际行动和参与实践逐渐形成的一种职业认同感。例如，如果学校价值观念强调团队协作，教师在团队协作中体验到集体力量的强大，从而建立起对协同工作的职业认同感。

在这个过程中，学校价值观念不仅是一种道德准则，更是一种教育引导和专业发展的引导。教师在共享这一文化中，不仅是学校文化的接受者，更是文化的创造者和实践者。通过对学校价值观念的深入理解和实际行动中的贯彻，教师逐渐将这种认同感融入自己的职业生涯中，最终形成一种深刻的组织文化认同。

（二）学校文化对教师教学行为的影响

1. 强调创新的文化

学校文化的强调创新成为一种催化剂，直接塑造了教师的教学态度和方法。这种文化并非仅仅是一种表面的口号，更是一种内化于学校运作机制中的价值体系，深刻地引导着教师在教学实践中持续追求创新。

学校文化对创新的强调首先促使了教师更愿意尝试创新的教学方法。这种文化鼓励教师摆脱传统的教学模式，勇于挑战常规，积极尝试新的教学理念和工具。教师在这样的文化氛围中感受到了学校对创新的重视，从而更加愿意投身于教学改革的实践。这不仅是一种外在的压力，更是一种内在的动力，激发了教师迈向创新的勇气和决心。在这种文化引导下，教师愿意主动探索新的教学策略，寻求更富创意和活力的教学方式。

在这种文化氛围中，教师更容易发挥创造性，进而提升教学效果。学校文化强调创新，为教师提供了一个自由、开放的空间，让教育者不受传统束缚，有机会发挥个人的创造力。这种文化引导教师在教学中思考如何更好地激发学生的兴趣、提高教学效果。教师在这样的文化氛围中更加注重教学方法的多样性，采用更具创意的教学手段，使学生在轻松而富有趣味性的氛围中学到更多知识。这种发挥创造性的文化推动了教师不断尝试新的教育理念和实践方法，从而提升了整体教学水平。

2. 学校文化的教育理念

学校文化所倡导的教育理念在塑造教师的教学取向和方法选择方面发挥着深远的影响。这种影响不仅局限于理念的传递，更是一种教育理念融入学校整体运作的体现。学校文化的教育理念直接塑造了教师的教育态度，形成了一种共同的教育价值基础。

学校文化所倡导的教育理念对教师的教学取向和方法选择产生了直接的引导作用。这种理念往往涵盖了对学生的期望、教学目标的设定、教育方法的选择等多个方面。例如，如果学校文化倡导个性化教育，教师在这一理念的引导下更倾向于关注学生的个体差异，采用灵活多样的教学方式，致力于激发学生的兴趣和潜力。这种教育理念的导向使教师在实际教学中能够更具有针对性和创造性，有助于更好地实现学校的教育目标。

教师在共同的教育理念下形成一致的教学行为，从而提升学校整体的教学水平。学校文化塑造的共同教育理念促使教师在教学实践中形成一致的价值观和教学行为准则。这种一致性不仅表现在教育目标的设定上，更体现在实际的教学方法和策略的选择上。例如，若学校强调素质教育，教师在共同的理念下更注重培养学生的综合素养，采用跨学科的教学方式。这样的一致性使学校形成了一个有机的、协同的教育团队，共同推动学校整体的教学水平不断提升。

（三）学校文化对教师发展动力的影响

1. 鼓励卓越的文化氛围

学校文化中强调卓越的追求不仅是一种理念的提倡，更是一种潜移默化的力量，直接激发了教师对卓越的渴望与追求。这种文化氛围注入了学校的核心价值观，塑造了一种积极向上、追求卓越的教育生态。

学校文化中对卓越的追求首先激发了教师追求卓越的愿望。通过对卓越的明确定义和追求的强调，学校文化树立了一个追求卓越的标杆，引导教师在教育事业中追寻卓越的理念。这种文化氛围在潜移默化中渗透到教师心灵深处，唤起了他们对个人职业发展的热切期望。教师在这样的文化氛围中，不仅明确了个人职业目标，更在卓越的追求中找到了前进的方向。

教师在积极的文化氛围中感受到发展的动力，不断追求个人的职业进步。学校文化中强调卓越的追求为教师提供了一个发展的引导方向，使他们在追求卓越的同时感受个体发展的积极动力。这种文化氛围激发了教师对于自身专业水平的不断提升的渴望，促使他们参与各类专业发展和学术研究。教师在积极的文化氛围中感受到了职业发展的动力，不断追求个人的职业进步，进一步推动整个学校师资队伍的不断提高。

2. 学校文化的激励机制

学校文化的激励机制在促进教师发展和整个学校师资队伍提升方面发挥着至关重要的作用。这种激励机制不仅是一种奖励和荣誉体系，更是一种内在的动力引导，为教师提供了积极参与专业发展的动力，进而推动整个学校的教育水平不断提高。

学校通过激励机制，如奖励和荣誉制度，激发了教师的发展动力。奖励和荣誉制度在学校文化中充当了一种外在的激励手段，通过对出色工作和专业成就的认可，激发了教师追求卓越的愿望。例如，学校可以设立教学奖项、学科研究奖励等制度，给予在教学、研究等方面取得卓越成绩的教师相应的奖励和荣誉。这种激励机制不仅强化了教师在工作中的自我驱动力,加深了他们对学校文化的认同感,形成了共同的价值共识。

教师在这种文化下更有动力参与专业发展,促使整个学校师资队伍不断提升。学校文化所建立的激励机制不仅关注教师的教学表现,更注重对专业发展的激励。这包括鼓励教师参与学科研究、参加教育培训、分享教学经验等方面。教师在这样的激励机制中,会更加积极主动地参与专业发展,从而不断提升自身的教育水平。这种积极性的参与不仅有助于个体教师的专业成长,也可以使整个学校师资队伍在专业水平上呈现出更为稳健的提升趋势。

二、学校文化的发展路径

(一) 以人为本的文化发展路径

1. 关注教师个体需求

以人为本的文化发展路径体现了学校对于教育者的关切和支持,强调关注教师个体需求。学校在这一路径中建立个体化的支持体系,以满足教师在教育、培训等方面的个体需求,进而形成一种关爱文化,增进师生之间的信任和共鸣。

学校通过建立个体化的支持体系,致力于满足教师在教育和培训等方面的个体需求。这包括提供个性化的专业发展计划、定期的教育培训,以及针对教学挑战和需求的个性化指导。通过这一支持体系,学校能够更精准地满足每位教师的专业成长需求,为其提供个性化的发展路径。这不仅能使教师在工作中感受到被重视和被支持,更可以激发他们投入教育事业中的积极性和责任感。

在以人为本的文化发展路径中,学校着重塑造一种关爱文化,旨在增进师生之间的信任和共鸣。通过关注教师的个体需求,学校传递出对每位教育者的尊重和关爱。这种文化让教师感受到学校对其整体发展的关心,促使教师更愿意在这样的文化氛围中投入工作。同时,关爱文化也加强了师生之间的沟通与信任,为建立积极的师生关系奠定了基础。这种信任和共鸣能进一步推动学校内部的协同合作,形成了一个更加和谐、更加团结的教育团队。

2. 良好的师生关系

以人为本的文化在学校中树立了师生关系的至高重要性,将关心和尊重每一位教育者作为推动学校发展的核心理念。这种文化倡导教育者与学生之间建立积极的关系,不仅让教学过程更为愉悦而有意义,也赋予了教师更强的教学动力和成就感。

在以人为本的文化中,师生关系被视为教育事业的核心,受到极大地强调。这种文化体现了学校对每一位教育者的尊重和关注,激励教育者关注每个学生的个性特点、成长需求,并建立起一种深厚的师生关系。不局限于学业上的指导,更关注学生的情感需求、兴趣爱好等方面,从而在学校内部培养一种关爱和尊重的文化氛围。

在这样的文化氛围中,教师通过与学生建立积极的关系,能够获得更强的教学动力和成就感。积极的师生关系不仅有助于学生更好地投入学习,也为教师提供更为愉悦的教学环境。教师与学生建立良好关系的过程中，深入了解学生的需求和特点，更有针对性地进行教学设计和引导。这种密切的互动不仅提升了教学效果，也让教师更深刻地感受到自己在学生成长中的积极影响，进而增强教学的成就感和满足感。

（二）强调协同合作的文化发展路径

1. 团队协作

学校以鼓励团队合作为导向，积极构建协同的工作氛围，将团队协作作为推动学校整体发展的重要策略。在这个文化氛围中，教师通过团队协作不仅加强了内部的协同合作，更共同追求卓越，为学校的整体发展注入了强大的动力。

学校积极鼓励团队合作，致力于建立协同的工作氛围。这一文化倡导师生之间相互支持、资源共享、共同学习的理念。学校设立团队协作的机制，包括开展团队培训、组建跨学科的教研小组等。通过这些措施，学校强调个体与集体的关系，为团队协作创造良好的条件。这样的工作氛围不仅有助于打破部门之间的壁垒，也能促进教育者之间的互动与交流，为共同推动学校事业的发展奠定了基础。

教师通过团队协作，共同追求卓越，推动学校整体发展。团队协作不仅强化教育者之间的合作关系，更在协同努力中培养团队的凝聚力。在这个文化氛围中，教师们能够分享教学经验，共同探讨教育创新，有效地解决问题和挑战。团队合作使学校师资队伍更具创造力和执行力，从而推动教学质量的不断提升。同时，共同追求卓越的目标使教师们在工作中更有激情，更有动力追求个人的专业成长，从而形成一支积极向上的教育队伍。

2. 共同的教育理念

学校强调共同的教育理念，旨在使教师在教学中形成一致的价值观，为整个学校构建了一种统一的教育文化。这一共同的理念不仅在价值观上形成了一致性，更在教学行为上促使了协同的发展，从而提高学校的整体教育质量。

共同的教育理念在学校文化中扮演着关键角色，为教育者提供了共同的价值观基础。学校强调教育理念的一致性，通过明确的教育目标和价值导向，使教师们在教学中形成了共同的理念和目标。这种统一的价值观不仅是对教育事业的共同认同，更是教育者在工作中共同奋斗的精神纽带。共同的教育理念为教师提供了明确的方向，使他们在教学中更具有一致性和稳定性，从而为学校创造了更加统一更加稳定的教育氛围。

共同的教育理念有助于形成协同的教学行为，进而提高学校的整体教育质量。在这一文化氛围中，教师们能够更好地理解并贯彻学校的教育理念，形成协同的工作行为。共同的理念使教育者更容易在教学中形成统一的方法和标准，促进了教学过程中的顺畅沟通和协作。通过共同奉行的教育理念，学校能够更好地实现教学目标，提高整体教育质量。这种一致性的教育理念也有助于激发教师的责任心和使命感，使他们更积极地为学生的全面发展贡献力量。

第三节 促进学校文化与教师发展的互动机制

一、互动机制构建

（一）建立双向沟通渠道

1. 定期座谈会

学校应当定期组织座谈会，以建立有效的沟通渠道，实现校领导、教师代表等多方参与的目的，推动学校文化理念的传达和交流。座谈会作为一种面对面的沟通方式，具有及时解决问题、促使理念贯彻的优势。在这个平台上，校领导可以向教师群体介绍和强调学校的核心价值观、文化理念，同时倾听并解答教师们在实际工作中遇到的问题和困惑。教师代表也有机会表达教师群体的共同意见和建议，从而促进共识的形成。

座谈会不仅是信息传递的场所，更是促进学校文化贯彻的平台。通过校领导与教师代表之间的互动，可以形成共同的理解和认同，使学校文化的理念在师生中逐渐深入人心。这种沟通方式强调参与和共建，有助于建立起一种共同的价值共识，为学校文化的发展奠定坚实的基础。

此外，座谈会还能够激发教师们的积极性和责任感。通过参与座谈会，教师们感受到学校对于他们意见的重视，从而更加主动地投身到学校文化的建设中。这种参与感和责任感的提升，有助于形成教师群体的凝聚力，共同推动学校文化的良性发展。

2. 心得交流

心得交流作为一种富有开放性的沟通形式，在学校文化建设中发挥着至关重要的作用。通过心得交流，教师们得以分享彼此在学校文化构建中的实践经验和深刻感悟，为共同的教育目标寻找有效的路径。这种形式的交流旨在打破信息闭塞的壁垒，建立起一种紧密而平等的互动关系。

在这个过程中，教师们能够从他人的经验中获得启示，收获问题的解决方法，并在实际教学和学校管理中加以运用。这种知识的传递和分享有助于提升整体教育水平，使学校文化更具深度和内涵。通过对成功经验和失败教训的深层次探讨，教师们能够更清晰地认识到学校文化建设的复杂性，形成更为明确的认知和理念。

心得交流不仅是知识的传递，更是共识的形成和共鸣的产生。通过开放式的交流，教师们能够更好地理解学校的文化理念，形成共同的价值观和认同感。这种共识的形成是学校文化持续发展的基础，为学校的团队建设和发展提供了强大的支持。

此外，心得交流也是一种教师专业发展的机制。通过分享自身在学校文化建设中的成果和经验，教师们能够不断提升自己的教育水平，培养专业素养。这种专业发展不仅有助于提高个体教师的教育质量,也为整个学校的文化建设提供了充沛的动力。

(二)倡导教师参与学校文化建设的主动性

1. 设立教师代表

学校可以积极探索并设立教师代表团队,这个团队的成员应由教师自行选举产生,其使命在于代表广大教师群体参与学校文化建设的决策和推动过程。这一机制的建立旨在确保教师在学校决策中有更直接的参与感,促进学校文化建设更为广泛和深入地发展。

教师代表团队的设立体现了一种基于民主理念的管理模式,强调教师在学校治理中的参与和决策权。通过自行选举产生代表,教师们可以更好地选举那些具有代表性和领导力的同事,从而形成更具代表性的团队。这样一支代表团队将充分代表教师的声音和利益,有助于确保学校决策更为全面和民主。

教师代表团队的职责不仅是传递教师的心声,更应涉及学校文化建设的方方面面。他们可以参与制定学校文化的核心价值观、愿景和使命,推动学校文化的形成和全面发展。通过代表团队,教师能够更加直接地参与到学校文化建设的决策层面,为学校的未来发展贡献智慧和力量。

这一机制的实施还能够激发教师的责任感和积极性。教师代表团队的成员在代表整个教师群体发表意见的同时,也需要对所代表的责任范围负有更多的责任。这种责任的加强有助于形成更为积极、主动的教师队伍,为学校文化的良性发展提供坚实的基础。

2. 鼓励提出建议

学校应当主动鼓励教师们积极提出关于学校文化建设的各类建议和意见。为了实现这一目标,学校可以设立专门的建议箱、在线平台等渠道,以便为教师提供一个畅通表达意见的途径。这种机制的建立旨在激发教师参与学校文化建设的积极性,使文化建设更具广泛性和包容性。

设立建议箱是一种传统而有效的方式,为教师提供了一个可以匿名提出建议的空间,有助于克服一些教师可能因为顾虑而不愿直接表达意见的问题。通过建议箱,学校能够收集到更多真实、直接的反馈,为文化建设的改进提供更具参考价值的数据支持。

鼓励提出建议有助于凝聚教师群体的智慧和力量,形成共建共享的文化氛围。通过搜集并认真对待教师提出的建议,学校表明了对教师的尊重和信任,从而激发教师更积极参与学校文化建设的热情。这种广泛的参与将为学校文化建设提供更为全面和多元的视角,有助于形成更具包容性和适应性的文化模式。

(三)建立反馈机制

1. 及时反馈机制

建立学校文化和教师发展的及时反馈机制是推动教育机构持续进步的关键措施。这一机制的核心在于通过定期的问卷调查和意见收集等方式,全面了解教师对学校文化的认同度、期望以及在发展过程中可能遇到的问题。这样的反馈机制不仅能够有效倾听教师的声音,更有助于形成教育机构文化建设的科学方向。

问卷调查是其中一项重要的工具,通过设计细致的问卷,可以系统地收集教师对学校文化的认知和态度。问卷涵盖的内容可以包括教师对学校核心价值观的理解、文化氛围的感知,以及对学校文化建设的期望等多个方面,为学校领导层提供丰富的信息资源,有助于学校领导深入了解教师的需求和对学校文化的态度。

除了问卷调查,意见收集也是及时反馈机制中的重要环节。学校可以设立开放性的建议渠道,鼓励教师提出关于学校文化建设的各类建议和看法。这种开放的沟通平台有助于教师自由表达对文化发展的期望和建议,为学校提供更为多元和全面的反馈。

建立及时反馈机制的目的不仅在于收集信息,更在于将反馈信息及时转化为实际行动。通过定期的数据分析,学校能够更加准确地把握文化建设的现状,迅速发现可能存在的问题,并采取切实可行的改进措施。这一循环的反馈机制有助于学校文化建设的不断优化和创新。

2. 数据分析和评估

在学校文化建设和教师发展的过程中,数据分析和评估扮演着至关重要的角色。通过利用先进的数据分析工具,学校能够对反馈数据进行深入研究,以揭示其中的问题根源和发展趋势。同时,建立定期的评估体系,对学校文化和教师发展进行科学评估,为改进提供依据,成为推动教育机构不断进步的重要手段。

数据分析是及时反馈机制中的关键步骤之一。通过对问卷调查、意见收集等环节收集到的数据进行深入分析,学校能够获取更为具体、全面的信息。数据分析工具的运用可以帮助学校快速识别出问题的根本原因,找出文化建设中的"瓶颈"和教师发展中的难点。这种科学的数据驱动分析有助于学校更加精准地制定改进策略,针对性地解决存在的问题。

除了解决问题,数据分析还能够帮助学校发现发展的趋势。通过对历史数据和趋势进行分析,学校能够预测未来可能出现的问题,有助于提前制定应对措施。这种预测性的数据分析有助于学校更好地预判应对潜在的挑战,确保文化建设和教师发展的长期稳定性。

建立定期的评估体系也是确保学校文化和教师发展朝着正确方向发展的关键步骤。通过设立科学的评估指标和评估方法,学校能够全面而系统地衡量文化建设和教师发展的绩效。这种评估体系旨在为学校提供一个全面了解自身状态的机制,使学校能够更好地发现问题、优化策略,并在未来的发展中保持灵活性和适应性。

定期评估的实施有助于形成一种自我纠正和自我完善的机制。学校可以通过评估结果及时发现不足之处,调整文化建设和教师发展的策略,推动教育机构持续发展。这种循环的评估体系使学校能够更好地适应外部环境的变化,保持文化建设和教师发展的动态平衡。

3. 形成改进措施

基于数据分析和定期评估的结果,学校应当积极制定有力的改进措施,以推动学校文化和教师发展的不断提升。这一过程包括但不限于制订具体的文化建设计划和完善教师培训体系等关键措施，旨在通过有计划地行动，优化学校文化，提高教师素养，实现整体教育水平的不断提高。

对于学校文化建设，根据数据分析和评估的结果，学校可以制订具体的文化建设计划。这一计划应该明确定义学校的核心价值观、愿景和使命，并通过切实可行的步骤和阶段性目标，推动文化建设的不断深入。可能的改进措施包括加强对核心价值观的宣传和培训，组织文化建设活动以增强师生对学校文化的认同感，同时加强对文化建设的监测和反馈，确保计划的顺利实施。

改进措施还可以涉及完善教师培训体系。通过综合数据分析和评估，学校能够更准确地了解教师的培训需求。基于这些需求，学校可以制订更加个性化、实用性强的培训计划，以提高教师的专业素养和教学水平。改进措施还可以包括建立师资培训的常态化机制，引入新的培训手段和工具，以适应教育环境和教学方法的变化，推动教育质量的不断提升。

改进措施还可以涉及建立更加有效的沟通机制。通过对数据分析和评估结果的深入解读，学校可以找出沟通环节存在的问题，并制订相应的改进方案，提高信息的传递效率。可能的措施包括加强学校内外的沟通渠道，设立更为便捷的反馈机制，以确保教师和管理层之间能够及时、准确地交流意见和建议。

二、促进发展的具体实践

（一）开展文化建设培训

1. 培训课程设置

为促进学校文化的深入建设，学校应开展多层次、多形式的文化建设培训，以确保教师在理念认同、核心价值观传达和实际操作等方面都能够深刻理解和践行学校文化。培训课程应涵盖学校文化理念和核心价值观的解读，以及教师在实际工作中如何贯彻和传承学校文化，确保培训内容具体实用、符合教师的实际需求。

培训课程应重点解读学校文化的理念和核心价值观。通过深入解读学校文化的理念，教师能够更全面地理解学校期望达到的目标和所倡导的核心价值观。这有助于形成共鸣，使教师对学校文化的认同感更为深厚。培训还可以强调学校文化的背后所体现的教育理念，引导教师认识到文化建设与学校使命密不可分，促使他们更积极地参与和贡献。

培训应注重教师在实际工作中如何践行和传承学校文化。通过具体的案例分析、实际操作和互动讨论，教师能够更好地理解学校文化在实际工作中的应用方式。培训可以引导教师思考如何将学校文化理念融入日常教学、学生管理和团队合作等方面，使文化建设不只停留在理念层面，更能够在实际工作中得以体现。

在培训内容的设计上，应考虑到教师的实际需求。通过开展需求调查和听取教师的反馈意见，学校能够更好地了解教师的关切点和需求。培训内容应该贴近教师的实际工作场景，关注他们在学校文化建设中可能面临的挑战，提供解决问题的具体方法和技能。这种以教师需求为导向的培训设计有助于提高培训的实效性，使其更好地满足教师的学习和发展需求。

2.专业培训团队

为了确保学校文化建设培训的专业性和有效性，学校应该积极邀请专业培训机构或经验丰富的教育专家组成专业培训团队。这样的团队能够提供高水平的培训服务，通过专业培训，不仅可以全面深化教师对学校文化的认知，还有助于提高他们的认同感和积极性。

邀请专业培训机构或经验丰富的教育专家是确保培训专业性的重要步骤。这些机构或专家通常拥有丰富的培训经验和专业知识，能够根据学校的实际情况，设计符合学校需求的培训方案。专业的培训机构通常有系统的培训课程和方法，能够帮助教师系统地学习和理解学校文化，提升其专业素养。

专业培训团队能够提供多元化的培训形式。通过丰富多样的培训方式，如讲座、研讨会、案例分析等，专业培训团队能够满足不同教师的学习需求，确保培训内容的深度和广度。此外，专业培训还可以结合实际操作，通过实际教学场景的模拟和角色扮演等方式，使培训更加贴近教师的实际工作，提高培训的实效性。

通过专业培训，教育专家能够深入浅出地解读学校文化的重要性和实际意义。专业培训团队可以通过具体案例和成功经验分享，激发教师对学校文化的认同感和对文化建设的积极性。这种由专业人士传授的培训能够传递更为权威和实用型的知识，增强教师的信心和动力，使其更加愿意参与到学校文化建设中。

（二）借助文化建设活动

1.文化节

学校应定期举办文化节活动，以多样化的形式展示学校文化内涵，活跃校园氛围，促进师生关系的亲近。文化节可以包括艺术表演、展览、讲座等多种形式，通过丰富多彩的活动内容，使学校文化更生动地呈现在师生面前，为校园带来浓厚的文化氛围。

文化节的举办不仅是文化建设的一种有力推动，更是一个让师生深入了解学校文化的窗口。通过艺术表演，如音乐、舞蹈、戏剧等形式，学校可以生动展现其独特的文化特色，激发师生对学校文化的认同感。艺术表演具有直观效果、感染力强的特点，能够使学校的文化内涵更加形象和具体地呈现在师生面前。

展览是文化节中的另一重要组成部分。通过学校文化展览，可以展示学校的历史、传统和成就，为师生提供了解学校发展历程的机会。同时，学校还可以借助展览的形式，呈现学校文化的多元性，包括学科特色、学术研究成果等，从而全面展示学校的学术实力和文化底蕴。

除此之外，文化节的讲座环节也是推动学校文化建设的有效途径。通过邀请专家学者、知名人士进行文化主题的讲座，学校可以深入阐释学校文化的内涵，激发师生对文化的兴趣，促进学校文化的传承和发展。这种形式的互动有助于拉近教职工和学生之间的距离，形成更加紧密的校园共同体。

文化节作为学校文化建设的一项重要活动,具有多重价值。首先,通过文化节的形式,学校能够向师生展示自身丰富的文化内涵,增强学校文化的凝聚力和吸引力。其次,文化节有助于提升师生对学校文化的认同感,培养学校的荣誉感和集体归属感。最后,文化节的举办还能够促进师生之间的互动,拉近师生关系,形成更加和谐、积极向上的校园氛围。

2.团队拓展

学校应该积极组织团队拓展活动,通过团队合作的形式加强教师之间的沟通与协作,以增强团队凝聚力,并为学校文化的传承提供有力支持。团队拓展是一种通过实践活动促进个体与群体成员之间相互了解、协作和信任的手段,对于教师团队的建设和学校文化的传承都具有重要意义。

团队拓展活动能够促进教师之间的沟通与协作。通过参与各种团队拓展项目,教师们可以在轻松愉快的氛围中建立更加密切的人际关系。这种互动不仅有助于打破工作中的隔阂,还能够培养相互之间的理解和信任。通过共同经历困难和挑战,教师团队能够更好地理解每个成员的优势和特长,形成更加协调高效的合作关系。

团队拓展活动有助于增强团队凝聚力。在拓展活动中,教师们往往需要共同克服一系列挑战,这有助于强化团队的凝聚力。共同面对困难,共享成功的喜悦,能够在心理上拉近团队成员之间的距离,形成共同体意识。这种团队凝聚力的增强对于推动学校文化的传承起了积极的作用,为共同的目标而努力的团队更容易形成对学校文化的共鸣。

团队拓展活动还有助于培养教师的团队协作精神和创新能力。在拓展活动中,教师需要通过团队合作来解决各种问题,这有助于培养教师的团队协作精神。同时,活动中的一些创新元素和挑战性任务也能够激发教师的创新思维和解决问题的能力,使其更具有应对学校文化传承中的复杂性和多样性的能力。

3.建立奖励机制

为促进学校文化建设的积极发展,学校应当着力建立奖励机制,以表彰那些在文化建设中做出杰出贡献的教师,从而激发更多教师的积极参与热情,形成共同努力的正向循环。奖励机制的建立对于激发教师的工作热情、提高教育质量、推动学校文化建设的深入发展具有积极作用。

学校应设立明确的奖励机制,以便及时、公正地认可那些在学校文化建设中取得显著成绩的教师。这些奖励可以包括个人奖项、团队奖项、表彰证书、荣誉称号等多种形式。奖励的设立应当注重公正性和公平性,确保对于每位作出贡献的教师都能够得到公平地评价和认可。

奖励机制的设立不仅是对教师努力的一种褒奖,更是一种激励机制,能够激发教师更积极地投入学校文化建设中。通过设立奖项,学校向全体教职工传递了一个积极向上的信号,使教师们更加期待参与学校文化建设,提高对学校文化的认同感和责任感。

此外,奖励机制的建立还能够推动学校文化建设的深入发展。通过奖励那些在文化建设中取得杰出成绩的教师，学校在一定程度上鼓励了全体教师的积极参与。这种正向激励机制能够带动更多的教师融入学校文化建设的大潮中，形成集体智慧的推动力量，促进学校文化建设的全面推进。

值得注意的是，奖励机制的设立不仅要注重形式上的奖励，更要关注实质上的激励。除物质奖励之外，学校还可以通过提供更多的培训机会、晋升机会、学术研究支持等方式，为教师提供更全面、多层次的发展支持，使他们在学校文化建设中能够有更多的发展空间。

第五章　新时代教育政策与教师职业发展

第一节　教育政策对教师职业发展的导向作用

新时代的教育政策注重通过激励和引导的方式推动教师职业发展。政策对教师提供职业晋升机制、奖励制度等激励措施，以鼓励他们不断地提升自身素质。同时，政策还通过设立导师制度、专业发展计划等方式，引导教师在职业发展中形成一种系统化规划，实现个体与组织的共同发展。

一、政策激励措施的细化与分析

（一）职业晋升机制的深入分析与细化

1. 职业发展路径的明确性

新时代的教育政策在教师职业发展方面做出了显著努力，其中尤其体现在职业发展路径的明确性上。政策对不同职称的设立和升迁条件进行了科学规划，构建了从初级职称、中级职称到高级职称的层次分明的职业晋升体系。

这一职业发展路径的明确性为教师提供了清晰而可行的发展方向。在政策的引导下，教师可以根据自身实际情况和职业志向，有针对性地进行职业规划。初级职称为起点，中级职称为阶段性目标，高级职称为终极目标，形成一个逐步拓展的职业发展阶梯。这使得教师在职业生涯中更具方向感和前进动力。

不仅如此，这一明确的职业发展路径也为学校建立起了稳健的人才培养体系。通过设置不同职称，政策促使学校更有针对性地进行人才培养和引导。初级职称培养基础骨干力量，中级职称鼓励中层骨干的崛起，高级职称则为卓越人才提供更广阔的发展空间。这样的人才培养路径使得学校的教育团队更加专业、稳定，为学校的整体发展提供了有力的支撑。

职业发展路径的明确性不仅是一种指引，更是一种激励。教师在明确的职业发展路径上，能够更好地调动工作积极性，因为他们清楚自己怎样的付出将获得怎样的回报。这种激励机制有助于形成积极向上的工作氛围，提高整个教育体系的执行力和凝聚力。

2. 多方面维度的评价标准

政策在晋升机制的设计中突出了多方面维度的评价标准，这种维度的广泛涵盖旨在全面客观地评估教师的工作表现。教育政策明智地选择了多元的评价指标，包括但不限于教学质量和学科研究成果等方面，以确保对教师工作的全面审视。

政策对教学质量的评价采用了多方位的考量。通过学生评价、教学成果等多方面指标，确保了对教师在课堂教学中的表现进行全面评估。学生评价能够直观反映教师在教学过程中的互动效果和教学方法的吸引力，而教学成果则是一个客观的量化指标，从学科知识的传授到学生学业成绩的提升都得到了考虑。这种多维度的教学质量评价体系有助于激发教师在教学工作中的积极性，提高其专业水平。

政策关注学科研究成果，这是评价教师综合素质不可或缺的一部分。通过考察教师在学术领域的贡献，政策确保了对于教师在专业领域中的深度发展的重视。这种评价维度不仅激发了教师在学科研究上的热情，还推动了学校在学术研究方面的整体提升。从教育政策的角度看，这种多方面维度的评价标准促进了教师在教学和研究两方面的平衡发展，有利于构建具有全面素质的教育队伍。

3. 可量化的晋升标准

政策的晋升机制着重于可量化的标准，旨在为教师提供透明而公正的晋升过程。这一政策举措的关键在于建立了具体的指标体系，以量化评估教师在不同领域的工作表现，并为其提供了清晰的晋升标准。这一可量化的晋升标准有助于提高教师的职业透明度和发展方向的明晰性，也有效促进了整个教育体系的运行效率。

政策通过设立教学成果数量、科研项目经费等具体指标，为教师提供可量化的晋升标准。教学成果数量的设立可以通过学生的学业成绩、教学评估等方面来具体反映，而科研项目经费则直接量化了教师在科研方面的贡献。这些明确的指标不仅为教师提供了晋升的具体目标，也为学校提供了客观的评价工具，确保了晋升过程的公正性。

政策通过建立可量化的晋升标准，帮助教师更好地规划个人的职业生涯。教师可以通过量化的标准来评估自己在不同方面的表现，明晰自己所需努力的方向。这有助于激发教师的工作积极性，提高其工作动力，使其更加有针对性地投入职业发展中。同时，教师对于晋升标准的清晰认知也有助于形成合理的职业规划，更好地发挥个体的潜力。

可量化的晋升标准提高了整个教育体系的运行效率。通过设立明确的指标，学校可以更加迅速、准确地评估和筛选教师的工作表现，为合格教师提供更加迅速的晋升通道。这有助于保持教育机构的竞争力，也推动了教育体系的健康发展。

（二）奖励制度的优化与深入挖掘

1. 创新能力的重点奖励

政策在奖励制度方面进行深度优化，特别突出了对创新能力的重点奖励。这一重点奖励的设计旨在积极激发教师在教育创新和实践中的热情，鼓励他们在教学过程中大胆尝试创新方法。通过设立创新奖项、项目支持等多种方式，政策为教师提供了广泛展示个人创新成果的平台，也为其提供了更多实施创新教学的机会。

政策通过设立创新奖项，将创新能力明确纳入奖励范畴。这种奖项的设立不仅是对教师在教学实践中取得的创新成果的一种认可，也是对其付出努力的一种实质性鼓励。通过奖项的设立，政策为教师提供了可持续发展的动力，使其更加愿意在教学中积极探索创新方法。

政策通过项目支持的方式，为教师提供了实施创新教学的资源和支持。这种支持不仅是物质上的投入，更是对教师创新意识和实践的鼓励。通过项目支持，政策鼓励教师参与教育创新的前沿领域，从而提升他们在实际教学中的创造性和实践能力，进一步推动教育事业的创新发展。

政策还可以通过组织创新项目、举办创新大赛等形式，为教师提供更广泛的交流机会和展示平台。这种开放性的机制有助于促进教师之间的经验分享和合作，形成更加活跃的创新氛围，提高整体教育水平。

2. 实践经验的充分肯定

政策对实践经验的充分肯定体现了对教育实际的深刻理解，使奖励制度更加贴近教育实践的本质。政策不仅关注教师的教学理论水平，更明确了对实践经验的高度重视。这一创新的奖励机制通过对在校外实践中取得成果的教师进行奖励，进而为教育实践注入更多生机与活力。

政策通过明确对实践经验的重视，为那些在校外实践中积累了丰富经验的教师提供了更多发展机会。这种奖励机制打破了仅仅以教学理论水平评价教师的传统观念，使得实践经验成为教育职业发展的一项重要指标。实际经验丰富的教师能够在奖励机制下更好地发挥其所长，为学生提供更丰富的教育资源和实际操作经验。

政策通过奖励实践经验，进一步提高了教师在职业发展中的认可度。这不仅有助于培养教师的职业自信心，更激励了教育从业者在实际教学中要不断追求卓越。教育实践的丰富经验被纳入奖励机制，将使教师更加投入到实际工作中，不仅提升个体水平，也能推动整个教育体系的不断进步。

政策还可以通过设立实践导师、举办实践交流活动等方式，为教师提供更多分享和学习的机会。这种形式多样的机制有助于促进教育实践的共同进步，形成更加开放、包容、创新的教育环境。

3. 明确的奖项设置

政策在奖项设置方面更加明确，通过设立不同领域的奖项，如教育技术创新奖、科研突出奖等，旨在深化奖励的层次和广度，使得每位教师都有机会因其在特定领域的卓越表现而获得公正的认可。这种明确的奖项设置不仅强化了奖励的公正性，也激发了教师在各个方面都能够发挥其特长，形成全方位的优秀表现。

政策通过设立不同领域的奖项，如教育技术创新奖、科研突出奖等，精准地契合了不同领域教师的专业需求。这种差异化的奖项设置使得奖励更加精细化，有助于更公正地评价和激励教师在各自专业领域的突出贡献。例如，通过科研突出奖的设立，政策能够有力地推动教师在学术研究方面的积极投入，进而提升整个教育体系的学术水平。

这种明确的奖项设置为教师提供了明确的职业发展方向，激发了广大教育工作者的职业热情。教育技术创新奖等专业奖项的设立，为教师提供了实现个人价值的平台，使其在技术创新、教学实践等方面有更多的施展空间。这种明确的职业发展方向不仅有利于提高教师的职业满意度，更推动了整个教育领域的不断创新。

政策还可以通过不断调整奖项设置，根据时代需求和教育发展的新趋势，及时更新奖项，保持奖励机制的前瞻性。这有助于使奖项更加符合时代潮流和教育发展的实际需求，推动教育事业的不断创新和进步。

二、导师制度与专业发展计划的实施

（一）导师制度的深度分析与实施

1. 导师制度的立法背景

导师制度在新时代教育政策中得到强调，这源于对教师职业发展的关心。在法规层面，政策以法律法规的形式规定了导师制度的建立与实施，为其提供了明确的法律依据，从而确保导师制度的合法性和有效性。这一法律背景不仅为教育机构提供了指导，也强调了导师制度在教育体系中的重要性。

新时代的教育政策将导师制度的建立与实施纳入法律法规框架，这主要体现在《教育法》《教师法》等相关法规中的明文规定。首先，《教育法》中明确规定了学校应当建立健全培训、评价和激励机制，引导和支持教师专业成长。其次，《教师法》强调要加强对教师的培训和发展，规定学校应当为教师提供专业发展和技能提升的机会，倡导建立导师制度，帮助新教师更好地适应工作环境。

这些法规为导师制度提供了明确的法律依据，规范了导师的职责和教师的权益。通过法律的制定和强调，政策使导师制度不再是学校内部的一种辅助性机制，而成为法律框架下的重要组成部分。这进一步确保了导师制度在教育体系中的稳固地位，为其在实践中的有效推行提供了法律支持。

2. 导师角色和职责的明确定位

政策对导师的角色和职责进行了明确定位，将导师视作经验丰富、业务水平较高的教师，明确其在新时代教育中的重要使命。导师的职责被规定得更为详尽，不仅包括经验传授，更注重全方位的支持，从职业规划到教育教学工作的指导，导师在新教师职业发展中扮演了全面支持者的角色。

政策明确了导师是经验丰富、业务水平较高的教师。这一明确定位要求导师不仅在教育领域具有较高的专业水平，同时拥有丰富的实践经验。这有助于确保导师能够为新教师提供更具实际价值的支持和指导。

导师的职责得到了更为详细和全面地规定。政策规定导师要关注新教师的职业规划，通过个性化的指导帮助其更好地适应环境和成长。导师还需要指导新教师的教育教学工作，提供专业建议，使其在教学中不断提升水平。这种全方位的支持确保了新教师在职业发展过程中能够得到及时、个性化地帮助。

3. 师徒关系的建立和维护

新时代的教育政策强调建立健康的师徒关系，以促进新教师的全面发展。政策明确导师在关注新教师个人发展的同时，还应关注其心理状态和职业动力，形成更为全面的关怀。

政策鼓励导师关注新教师的个人发展。这意味着导师不仅关注新教师在教学上的表现，还应关心其个人的职业规划和发展方向。通过深入了解新教师的兴趣、专业志向等方面，导师可以为其提供更为个性化的指导，使其更好地适应学校环境，找到自己在教育事业中的定位。

政策强调导师要关注新教师的心理状态和职业动力。这一关注不仅有助于了解新教师在工作中的真实感受，还能够及时地发现和解决心理困扰或职业迷茫等问题。通过心理关怀，导师还可以为新教师提供更为温暖和人性化的支持，使其更好地融入学校大家庭。

政策规定了师徒关系的维护机制。通过定期的师徒交流和评价，确保师徒之间的沟通畅通，及时解决潜在问题。这种机制有助于防范潜在的矛盾和误解，维护师徒之间的关系长期健康发展。

这一关系的建立和维护的机制有助于新教师更好地适应学校环境，提高工作效能。通过个性化的关怀和全面的支持，新教师在职业发展中能够更快速地成长，形成积极向上的职业态度。这不仅有助于新教师的个人发展，也有助于整个教育体系的稳健运行。

（二）专业发展计划的制定与实施

1. 专业发展计划的制定要求

新时代的教育政策为教师的专业发展制订了明确的要求，着重鼓励并规范了教师制订个人专业发展计划的过程。

政策要求个人专业发展计划应当明确教学、科研、课程设计等方面的目标。这意味着教师在制订计划时需要全面考虑自身在教学活动、科学研究以及课程设计等方面的发展方向和目标。通过清晰的目标设定，教师可以更好地规划自己的职业发展路径，确保在不同方面都能够有所突破。

政策规定个人的专业发展计划应与学校的整体发展目标相契合。这意味着教师的个人发展计划应当与学校的发展战略和目标保持一致，确保个人发展与学校整体发展相互促进、相得益彰。这种一体化的规划有助于形成共赢的局面，推动整个学校向更高水平迈进。

政策还规定了个人专业发展计划的时限和评估周期。这一规定确保计划不是一个孤立的目标，而是一个在一定时期内能够被切实实施和达到的目标。通过设立评估周期，政策提供了对计划的执行情况进行监测和调整的机制，保证计划的灵活性和可操作性。

2. 政策对专业发展计划的资源支持

新时代的教育政策着眼于提升教师的专业水平和发展动力，为教师的专业发展计划提供了全方位的资源支持。这一支持体系旨在激发教师的创新能力，推动其在个人专业领域中取得更为显著的发展。

政策通过提供培训机会，为教师提供系统性、针对性地培训，涵盖教学方法、科研技能、教育理论等多个方面。这样的培训不仅能够提高教师的综合素养，还有助于教师更好地理解并实施个人的专业发展计划。培训机会的开设使教师能够更深入地了解行业新动态，不断地提升自身的专业水平。

政策通过科研项目支持为教师提供了开展科学研究的机会和资源。这包括经费支持、实验室设备、研究团队协作等多方面的支持措施。这种支持机制有助于教师在个人专业发展中更深入地探索学科领域，推动学科的前沿发展。同时，科研项目的支持也为教师提供了在实际问题中应用知识的平台，促使其在实践中取得丰硕成果。

政策关注教育技术的发展，通过提供教育技术设备等资源，帮助教师更好地整合现代科技手段于教学中。这种资源支持有助于提高教师的信息化水平，推动其教学手段的创新，进一步促进个人专业发展计划更加贴近时代需求。

3. 专业发展计划的定期评估和调整

新时代的教育政策通过规定专业发展计划的定期评估和调整机制，为教师提供了持续改进和发展的机会。这一机制不仅有助于确保计划的有效实施，也促使教师在职业发展中能够不断地适应变化、提高水平。

在政策框架下，教师需按照规定的时间节点提交专业发展计划的执行情况。这个过程本身就是一次对教师在职业生涯规划和实施中的自我审视，通过定期的报告，教师可以清晰地了解自己在专业发展过程中的成绩和不足。

接受学校或相关机构的评估是政策实施的重要环节。评估机构会根据制定的评价标准对教师的专业发展计划进行审查和评分。这一过程不仅能够为教师提供客观地反馈，还有助于保持教育体系的公正和透明。教师通过接受外部评估，可以更全面地了解自己的职业发展水平，进而制订更科学合理地调整方案。

定期评估和调整机制的设立，使得教师的专业发展计划能够保持灵活性。一旦在评估中发现计划存在的问题或不足，教师有机会在下一阶段进行调整和改进。这种反馈和调整的循环有助于教师更好地适应学科发展的新趋势，更加精准地制定个人职业发展的目标。

三、政策对教师职业发展的影响评估

（一）教师队伍素质的提升

1. 激励措施的实施成果

新时代教育政策通过对激励措施的创新和实施，取得了令人瞩目的成绩。教育体系中教师队伍的整体素质得到了显著提升，这一变化主要体现在更多教育工作者愿意积极参与专业发展，追求积极的工作态度和整体素质的显著提升。这一系列激励措施的实施，为巩固和提升教育队伍的专业实力打下了坚实的基础。

在政策的引导下，教师队伍整体素质的提升表现为更多教育工作者愿意参与专业发展。政策制订了可行的激励机制，例如，奖励制度和职业晋升机制，使得教师们在工作中能够更好地发挥自己的专业能力。这些激励措施不仅激发了广大教师的工作热情，也提高了他们在专业领域的主动性和创造性，为整个教育事业的升级注入了新的动力。

通过政策实施，教育工作者的工作热情和积极性进一步得到巩固。政策为教育工作者提供明确的职业发展路径和激励机制，让教师们更清晰地认识到个体的付出和努力会得到合理的回报。这样的认知激发了广大教育从业者更加积极主动地参与工作，致力于提升教学质量、推动科研创新以及积极参与学校文化建设。

2.优秀教师的涌现

新时代政策的导向作用在教育领域取得了显著成果，使得一批卓越的教师脱颖而出。其中，政策制定的激励机制，尤其是建立的职业晋升机制，为教育工作者提供了明确的发展路径和动力，进而推动了更多优秀教师的涌现。

新时代政策的明确激励机制为教育领域的卓越教师带来了更多的动力。职业晋升机制的建立为教师提供了明确的职业发展通道，使他们能够更加系统地规划自己的职业生涯。这种明确的发展路径和奖励机制激发了广大教育工作者深耕专业领域的积极性，激发了他们为卓越教师而努力的愿望。

在政策的引导下，更多教育工作者展现出卓越的专业能力。这不仅得益于政策中设立的多层次的激励机制，还受益于政策对教育教学、科研创新等多方面维度的全面评价。教师们在面对明确的发展路径和多元的评价标准时，更加注重自身素质和业务水平的提升，从而推动整个教育领域的专业水平的提高。

卓越的教育工作者的涌现为学校的高质量发展提供了强大的人才支持。这些教师不仅在教学工作中表现突出，还在科研、课程设计等领域展现出了卓越的专业水平。为学校注入了创新的思维和活力，形成了浓厚的学习氛围，为学生提供了更高水平的教育服务，推动了整个学校教育水平的高质量发展。

（二）教育教学水平的提高

1.实施导师制度的显著效果

导师制度的实施在提升教育教学水平方面取得了显著的效果。政策对导师的明确要求，尤其是关注新教师的教学工作，推动了教育工作者在实际教学中的用心程度和创新力。这一改变产生了积极的影响，不仅使学生受益匪浅，而且在全面提升整体教育水平方面取得了显著的进步。

导师制度的实施通过规定导师要关注新教师的教学工作，使导师在新教师的专业发展过程中起到了引导和支持的作用。导师注重对新教师的教学工作进行指导和点评，强调实际教学经验的传授。这使得新教师在实际教学中更加用心，更注重创新尝试，从而提升其了教育教学水平。

在实施导师制度的过程中，新教师得到了更多地关注和指导，通过与经验丰富的导师深入交流，从而更好地融入教育环境，更快地适应教育工作。导师们通过分享实际教学经验、解答问题、提供专业建议等方式，使新教师更好地理解并落实教育理念，提高了其教育水平和教学效果。

学生是导师制度实施中直接受益的一方。导师的专业指导和关注使新教师在教学中更加注重个性化教学、学科知识的深入传授以及教学方法的灵活运用。这种教育教学水平的提升直接受益于学生，使得学生在接受知识的同时，更能培养创新思维和实际操作能力。

2.专业发展计划的实施效果

专业发展计划的实施在提高教育教学水平方面取得了显著效果。政策要求教师制订个人专业发展计划，这使得教师能够更加有序、有针对性地进行职业发展规划，从而提高其在教育领域的专业素养。

通过个人专业发展计划，教师能够明确自己的职业发展方向和目标。计划中通常包括教学、科研、课程设计等多个方面的具体目标，这有助于教师更清晰地了解自身在不同领域的需求和发展方向。这种明确性使得教师更有目标感，更能有计划地提升自身的教学水平。

专业发展计划为教师提供了实现目标的具体措施和路径。计划中通常包括具体的培训计划、参与科研项目的安排、发表论文的计划等，这些都为教师提供了明确的发展路径。这种有序的规划使得教师在职业发展中更有计划性，更容易取得实质性的进步。

政策规定了计划的时限和评估周期，强调计划的实施需要定期进行评估和调整。这有助于及时发现计划中存在的问题，为教师提供改进的机会，保证计划的有效性和实施效果。这种周期性的评估机制使得专业发展计划更具灵活性和可持续性。

最重要的是，专业发展计划的实施推动了整体教育教学水平的提高。通过教师个体的专业发展，整个教育体系得到了优质的人才支持。教师在提升自身水平的同时，也为学校和教育机构的整体发展做出了积极贡献。这种共同努力促进了教育教学水平的全面提升，为学生提供了更加优质的教育服务。

（三）职业发展环境的改善

1.教师感受到的政策支持

教师在新时代感受到了来自政策的积极支持，这为其职业发展和投入到学校文化建设提供了强大的动力。

政策的导向作用在整体上改善了教师职业发展环境。通过激励机制、培训计划和职业晋升机制等多方面的政策措施，政府为教师提供了更多的发展机会，使其在职业生涯中有了更为清晰的发展方向。这种导向作用激发了广大教育工作者的工作热情，使他们更加积极地投入职业发展中。

教师感受到政策支持的重要体现在有更多的发展机会和空间。政策规定了职业发展的标准和途径，为教师提供了明确的发展路径。这让教师在追求个人职业目标的同时，也更好地服务于学校的整体发展。由于政策的引导，教师们感受到了更广阔的发展空间，激发了他们更积极主动地参与到学校教学事务和文化建设中。

这种政策支持使得教师更愿意投入到学校文化建设中。政策不仅注重硬性指标，更加关注教师在学校文化建设、教育创新等软实力方面的贡献。这使得教师在工作中感受来自政策的认可和支持，进而更加主动地融入学校文化建设，形成了积极向上的职业发展氛围。

2.学校管理体制的合理性

政策的导向作用对学校建立更为合理的管理体制产生了积极的影响。学校在推动文化建设的过程中，不仅注重整体发展，更关注教师的个体发展，使得管理体制更具合理性和灵活性。这一合理的管理体制为教师提供了更好的职业发展环境，使其能够更充分地发挥个人潜力，推动学校整体教育的提升。

政策导向鼓励学校在管理体制中注重个体发展。学校不再将管理体制仅局限于对整体目标的追求，而是更加注重教师的个体发展需求。政策引导学校建立了更加开放和灵活的管理机制，为教师提供了更多的发展机会和空间。这种个体发展导向的管理体制有助于激发教师的工作热情，增强其在职业发展中的主动性。

政策的导向作用使得学校管理体制更注重人性化管理。政策鼓励学校在管理实践中关注教师的职业需求和发展方向，不仅关注硬性的工作指标。这种人性化管理体制使得教师在工作中更为舒适，更容易找到个人发展的定位，提高了工作的满意度和效能。

合理的管理体制为学校提供了更好的组织运作方式。政策引导学校建立了更加灵活的管理机制，使得决策更加高效，组织更加协同。这种合理的管理体制使学校更好地适应变革和创新，促进了学校整体的发展。

（四）个体与组织共同发展

教育政策的积极导向在鼓励教师职业发展中体现得淋漓尽致。政策倡导并强调教师通过个人努力不断提升自身素质，使其更好地适应现代教育的需求。这一理念强调了教师个体在职业发展中的积极作用，推动了教育体系的创新和进步。

在政策的引导下，教师不再是孤立的个体，而是与学校形成了紧密的共同发展的局面。政策规定了学校在培养和引导教师方面的责任，强调了学校作为教育组织的责任与义务。这使得教育机构更加注重提供良好的培训和发展环境，为教师的个体发展提供了坚实支持。

教育政策的引导使得个人努力与组织支持实现了良好的融合。教师在不断提高个人素质的同时，学校也通过各种方式提供了全方位的支持，包括专业培训、导师制度、职业发展计划等。这种有机融合使得教育工作者更加愿意投入到学校文化建设和教学创新中，形成了良性互动。

个体与组织的共同发展在教育政策的引导下显得更为协同和有力。政策的导向促进了教师与学校的紧密合作，共同推动了教育事业的蓬勃发展。这种共同发展的理念促使教育工作者更加积极主动，形成了良好的工作氛围，同时也使学校更具凝聚力和活力。因此，教育政策在引导个体与组织共同发展方面发挥了不可忽视的作用，为构建更加健康、可持续发展的教育体系提供了有力支持。

第二节　教育政策对教师培训与专业发展的影响

一、培训政策概述

新时代的培训政策致力于提高教师的专业水平，以使其更好地适应社会、科技等领域的快速发展。在政策概述中，可以明晰政策的目标、范围和关注点。

（一）培训政策的目标明确

1. 提升教师专业水平的根本目标

新时代培训政策的根本目标在于提升教师的专业水平，以更好地适应社会、科技等领域的快速发展。政策将培训明确为一项全面提升教育从业者素质的战略性举措，旨在推动教育体系要不断适应变革，提高教育质量。

2. 强调创新思维和教育技术应用的能力培养

政策要求培训不仅要满足基本教学需求，更要注重培养教师的创新思维和教育技术应用等方面的能力。这反映了政策对教育创新和现代技术应用的重视，使培训更具有前瞻性，更能引领教育发展的潮流。

（二）培训方向的多元化

1. 不再局限于传统学科知识培训

政策明确指示培训方向的多元化，不再仅局限于传统学科知识的培训。政策鼓励教育工作者参与创新教学理念的培训，推动教育理念的更新，更好地满足当今学生的多元化需求。

2. 强调创新教学理念和现代教育技术的培训

政策特别强调创新教学理念和现代教育技术的培训。通过培训，教师将更好地掌握现代教育技术，提高信息化教学水平，实现个性化教育，从而更好地适应当今信息化社会的发展。

（三）政策对培训资源的保障

1. 保障培训资金的充足

政策概述中强调对培训资源的全面保障，包括培训资金的充足。政策通过投入更多的财政资金，确保培训项目的顺利开展，增强培训效果。

2. 确保培训师资力量的高水平

政策对培训师资力量的保障至关重要。政策要求提升培训师资的培训水平，确保他们具备先进的教育理念和专业知识，为培训提供高水平的指导。

3.提供先进的培训场所和设备

政策关注培训场所和设备，要求提供现代化的培训场所和设备。旨在创造良好的学习环境，促进教育工作者更好地参与培训，提高培训的实效性。

二、专业发展支持政策分析

政策对教师的专业发展提供了有力的支持，对专业发展支持政策的分析可以深入了解政策对教师研究项目、学术交流、教学实践等方面的支持力度。

（一）学术研究项目的支持

1.研究经费的提供

政策对学术研究项目的支持主要体现在为教师提供研究经费。这一支持举措旨在激发广大教育工作者积极参与学科研究，进而推动学校整体科研水平的显著提升。政策的关注点在于为教师提供必要的资金支持，以保障他们在学术研究方面的深入展开。

研究经费的提供不仅使教师能够更好地开展科研项目，而且为他们提供了开展创新性、前瞻性研究的有力保障。这种支持机制不仅激发了教育工作者的科研兴趣，还促进了他们在学术领域中的深度参与和卓越表现。通过提供研究经费，政策为学术研究项目的质量和影响力提供了有力的支持，为教育体系的不断创新打下了坚实基础。

政策支持的学术研究经费，进一步确保了教育工作者在科研过程中能够充分发挥其创造性和创新性。这种经费的提供不仅关乎教师个体的职业发展，也直接关系到学校整体的学科建设和学术声望。通过鼓励和支持教育工作者积极参与学科研究，政策推动了学校整体的科研水平，为提高教育教学质量奠定了坚实基础。

2.项目评审机制的建立

政策明确了学术研究项目的评审机制，旨在确保项目更加具有科学性和实用性。通过建立严格的评审程序，政策为学术研究项目的开展提供了有力的保障。这一评审机制的建立有助于保障研究经费的合理分配，有效地避免了资源的浪费，为学术研究的高效开展提供了坚实基础。

评审机制的设立使得学术研究项目的经费分配更具科学性和公正性。通过评审，政策能够确保项目的研究方向明确，研究目标明确，有望取得实际的研究成果。这有助于提高学术研究项目的质量，确保资金的有效利用，进而推动教师在学术领域取得更为突出的成果。

政策规定的评审程序能够对项目的设计、研究方法、预期成果等方面进行全面审查，从而提高项目的科学性和实用性。这种有效的评审机制为学术研究项目的高质量执行提供了有力支持，有助于推动教育体系的创新和发展。

（二）学术交流的推动

1.资金支持和时间安排

政策积极鼓励教师参与国内外学术交流，为此提供了资金支持和时间安排的保障。在资金方面，政策明确表示将为教师的学术交流活动提供必要的经费，包括参会费用、差旅费、住宿费等。这一措施旨在减轻教师参与学术活动的经济负担，激发他们更积极地参与各类学术活动。

政策还关注教师在学术交流中的时间安排，确保他们有足够的时间投入学术交流活动中。为了支持教师充分参与国内外学术会议、研讨会等，政策可能规定相应的工作时间安排，以保障教师在学术活动中的充分参与。这一措施有助于教师更好地利用时间，深入参与学术领域，提高其学术水平和专业素养。

资金的支持和时间安排的提供，为教师拓宽学术视野创造了有利的条件。通过资金支持，政策促使教师更积极地参与国内外学术活动，提升其学术水平。合理的时间安排保障了教师能够深度参与学术交流，有助于增进他们对国内外最新学术研究动态的了解。

2. 促进学科间的交叉合作

政策的推动不仅着眼于为教师提供资源支持，更强调促进学科间的交叉合作。为实现这一目标，政策通过组织跨学科的学术活动，鼓励不同学科之间教师的深度合作，以推动各学科知识的交融，促进全校范围内学术实力的均衡提升。

政策的关键举措之一是鼓励学术活动的跨学科组织，例如，跨学科研讨会、专题讲座等。这样的活动旨在为各个学科的教师提供交流的平台，使他们能够深入了解其他学科的研究动态和成果。通过这些学术交流活动，教师有机会深入到学科领域之间建立联系，促进彼此间的交流与合作。

政策的目标之一是推动不同学科之间的知识交融。政策可能鼓励学校设立跨学科研究项目，设立专项经费，支持教师跨学科合作研究。这有助于打破学科壁垒，促使教师跨足到其他学科领域，形成有机的学科整合，推动学科之间知识的深度融合。

通过促进学科间的交叉合作，政策努力创造一种全校范围内学术实力均衡提升的氛围。这种合作模式不仅能够推动各个学科的教师在专业领域上的共同成长，还能够促进学科之间的资源共享与互补，为学校整体提升学术水平奠定了坚实基础。

（三）教学实践的强化

1. 实践经费的提供

政策对教学实践的支持主要体现在为教师提供实践经费。这一关键举措旨在激发教育工作者在实际教学中进行创新尝试的积极性。实践经费的提供为教师提供了资金支持，使他们得以购置实践所需的教学设备、材料等资源，从而更好地满足不同实践环境下的需求，提高教学实践的质量。

在政策的指导下，学校可以设立专项经费，用于支持教师开展实践活动。这些经费的使用范围可能包括购买实验器材、图书资料、科技设备等。政策能规定经费的申请程序和使用标准，确保经费的合理使用，推动教育工作者能更有效地进行实践探索。

实践经费的提供不仅是为了解决物质需求，更是为了激发教育工作者在实际操作中发挥创造性。政策可能鼓励教师通过实践活动进行课程创新、教学方法改革等方面的尝试。

这有助于落实教育理论到实际操作中,促使课堂更贴近学生需求,提高教学实践的针对性和实效性。

实践经费的提供还可以激发教育工作者更有信心和动力投入到实际操作中。有了经费的支持,教师可以更加放心地进行实践尝试,克服实践中的各种困难,从而推动教学质量的不断提升。这种信心和动力的积极影响将促进整个教育系统更好地适应社会和学科发展的需要。

2.实践平台的搭建

政策通过搭建实践平台,为教师提供更为优质的实践环境。这一措施不仅包括了建设实验室、教学工作坊等具体场所,更侧重为教师提供展示和实践教学新方法的平台和机会。实践平台的搭建在教育领域中具有重要的意义,为教育工作者提供了创新、实践、交流的空间,大力推动了实践与理论的有机结合,全面提升了教学水平。

政策可能通过资金投入和技术支持,着力打造先进的实验室设施。这些实验室可以专注于不同学科领域,配备各种先进的实验仪器和设备。通过提供这样的实践场所,政策为教师创设了一个理想的实验和探索环境,使其能够更深入地进行学科研究和实践操作。

政策还可以鼓励学校建立教学工作坊等实践场所。这样的场所可以成为教师分享教学经验、展示新方法的平台。政策可以支持工作坊的举办,提供必要的设备和经费,促进教师在这里进行专业知识的交流和实践技能的提升。这有助于形成良好的教学互动氛围,激发教育工作者的教学创新和实践能力。

通过实践平台的搭建,政策为教育工作者创造了一个积极、开放、合作的工作环境。教师可以在这里得到同行的反馈和建议,提升教学水平,不断改进教学方法。这也为教育体系引入新的教育理念、创新教学方式提供了有力的支持。

第三节 优化教育政策以促进教师职业发展

一、优化策略建议

(一)调整教育管理体制

1.建立灵活多样的管理机制

鼓励学校根据实际情况建立更加灵活的管理机制,以适应不同学科和教师的发展需求,这对于提高教育管理的精准性和灵活性至关重要。在新时代的教育政策引导下,建立灵活多样的管理机制被视为推动教育体制变革、提升整体管理水平的有效途径。

学校管理机制的灵活性体现在对不同学科和教师群体的个性化需求的充分关注。传统的"一刀切"管理模式难以满足各类学科和教师的差异化发展需求,因此,政策鼓励学校通过建立更具差异化的管理机制,能够更好地激发每个学科和教师的潜力,实现全员全面发展。

这一灵活的管理机制建设还体现在对管理策略和方法的多元化尝试上。学校可根据不同学科的特点、发展阶段以及教师个体的专业特长，量身定制管理策略。这包括教学评估方式、教育研究支持、职业发展规划等方面的个性化安排，以确保每个学科和教师在管理体制中得到应有的关注和支持。

此外，建立灵活多样的管理机制还意味着更为平等地沟通与决策机制。学校管理团队应积极倾听教师的意见和建议，形成一种共建共享的管理文化。通过引入多元参与机制，如教师代表参与决策、建立教研共同体等，能够使管理更加平等和民主，从而提升整体管理水平。

2.强化学校自主权

为推动学校内部创新和提高整体发展活力，教育政策应当强化学校的自主权，使其能够更灵活地制定和实施教师培训、评价和发展计划。在新时代的教育理念引领下，强调学校自主权是推动教育体制变革、提升整体管理水平的关键一环。

学校的自主权强化首先体现在教师培训方面。传统的培训计划通常是由上级主管机构制定，难以充分照顾到学校和教师的实际需求。通过强化学校自主权，学校可以更好地根据本校的特点和教师的专业发展需求，量身定制培训方案，提高培训的实效性和针对性。

学校在教师评价方面的自主权也应得到加强。不同学校拥有不同的文化、发展阶段和特色，因此，评价标准应当具有一定的灵活性，能够充分反映出学校内部的差异。通过强化学校的自主权，可以使学校更加自由地设计并实施符合本校实际情况的评价体系，激励教师更好地发挥自身潜力。

发展计划的制定也需要更多地考虑学校的自主权。学校应当有权根据学校的整体发展规划和教师的个体需求，灵活制定发展计划。政策的强调学校自主权将有助于打破一切为教师制定发展计划的僵局，使发展计划更具前瞻性和可操作性。

在强化学校自主权的同时，政策还应确保学校的自主决策在合理范围内，避免走向过度集权或者过度分散的极端。这需要政策在强化学校自主权的同时，明确学校应遵循的基本原则和制度框架，保障学校的自主权在法规和制度的框架内有效运作。

（二）加强教师评价机制

1.引入多元化评价指标

在优化评价机制方面，引入多元化的评价指标是一项重要的改革措施。这种综合评价体系涵盖了教师的教学成果、学科研究、学科建设等多个方面，旨在更全面、更客观地反映教师的综合素质，进一步激励教师在各个领域取得卓越成就。

引入教学成果作为评价指标，有助于更加直观地评估教师在教育教学方面的贡献。这包括教学效果、学生成绩、教育创新等方面的表现，通过对这些方面的评价，能够更准确地了解教师在教学实践中的优劣势，为其提供明确的发展方向。

学科研究作为评价指标能够体现教师在学术领域的深度和广度。这不仅包括科研项目的数量和质量，还包括发表论文、参与学术会议等方面的表现。引入学科研究作为评价指标，有助于激发教师在学术领域的创新热情，推动学科的深入发展。

将学科建设纳入评价指标体系，能够更好地反映教师在学科方向上的整体贡献。学科建设不仅关乎个体教师的水平，更关系到整个学科的发展。通过评价教师在学科建设方面的表现，能够更好地引导他们参与学科团队建设，共同推动学科的繁荣。

2. 建立定期评估和反馈机制

为了进一步促进教师的职业发展，建议在教育政策中引入定期的评估和反馈机制，以确保教师的发展始终处于正常的轨道。这样的机制将周期性地对教师的教学、科研、实践等方面进行全面评估，并提供及时有效地反馈信息。

定期评估有助于全面了解教师的工作表现。通过对教师在一定时间内的教学、科研等方面的综合评估，可以更全面地了解他们在教育教学中的优势和改进空间。这有助于政策制定者更准确地了解教育系统的实际运行情况，为教师提供更有针对性地支持。

及时地反馈能够帮助教师迅速发现问题并作出调整。通过定期评估，政策可以为教师提供详细的反馈信息，包括工作中的亮点和需要改进的方面。这种反馈不仅有助于教师更好地认识自己，还能够引导他们在职业发展中调整方向，提升专业水平。

建立定期评估和反馈机制有助于形成一个学习型的教育系统。通过持续的评估和反馈，教育系统能够及时发现并推广一线教师的先进经验，促使教师共同学习、共同进步。这种机制有助于构建一个共同成长的教育氛围，推动整个教育系统的不断创新发展。

（三）提升培训资源

1. 增加培训经费

为了进一步优化教育政策，提高教师的专业水平，建议在政策调整中增加培训经费，以确保充足的财政支持用于教师培训。培训经费的增加将为教育体系提供更多资源，从而在多个方面促进教师的全面发展。

增加培训经费将有助于提高教师培训的质量。充足的财政支持可以用于聘请高水平的培训师资，举办更多种类的培训活动，包括国际学术交流、前沿教育理念的研讨等。这样的培训活动将为教师提供更丰富的学术资源和专业知识，有助于提升他们的专业素养。

培训经费的增加有助于拓宽教师在专业发展中的广度和深度。教育领域的不断变革和创新，要求教师具备更广泛的知识和技能。通过增加培训经费，可以支持教师参与各类培训项目，涵盖不同学科、不同领域，使其在教学、科研等方面都能够更全面地发展。

增加培训经费还可以促进学校与企业、研究机构等外部资源的合作。通过与外部专业机构合作，学校可以借助培训经费支持教师参与实地考察、行业对接等活动，提升他们的实践经验和行业洞察力。

2. 开发在线培训资源

为更好地满足教师培训需求，政策可以着重建议开发在线培训资源，以便充分利用现代技术的发展。这一策略旨在提高培训的便捷性，使更多教师能够灵活、高效地获取所需的培训资源，从而推动整个教育体系的专业发展。

随着信息技术的不断进步，在线培训资源成为一种新颖的、便捷的培训方式。首先，政策的建议将鼓励相关机构和学校投入资源开发高质量的在线培训平台，为教师提供多样化的学习内容，涵盖学科知识、教学方法、教育技术等方面。这将使教师能够根据个体需求自主选择培训内容，实现个性化的专业发展。

在线培训资源的建设有望弥补传统培训方式的不足。教师可以通过网络平台随时随地进行学习，克服了地理位置和时间的限制。这将使培训变得更加灵活，有助于满足教师在工作繁忙情况下的学习需求，提高培训的实际效果。

政策的引导还可以促使学校和培训机构加强对在线培训资源的更新和维护，确保其内容紧跟时代潮流，具有实际应用性。这样的培训方式有助于推动教师在教学理念、教育技术等方面保持与时俱进，提升整体教育水平。

二、教育政策调整的影响预测

（一）学校内部创新推动力的增强

1. 提升学校管理效率

通过优化教育政策，赋予学校更多的自主权，有望激发学校内部创新的推动力，进而提升学校管理的效率。这一战略的核心在于为学校提供更大的决策自主权，使其能够更灵活地应对各种挑战，更好地适应社会变革和学科发展的需求。

政策调整有望使学校管理更贴近实际需求。学校能够根据自身的师资情况和学生需求，灵活调整教学计划，进行个性化设置。这将有助于提高教学的针对性和灵活性，使学校更好地满足不同层次和类型学生的学习需求。

赋予学校更多的自主权，可以促使学校更主动地进行改革和创新。学校管理层可以更灵活地制定教育方案、课程设置和培训计划，以适应快速变化的社会和科技环境。这有助于提高学校的教育质量和水平，使学校更具竞争力。

学校内部创新的推动力也将有助于构建更为合理、高效的管理机制。学校可以更灵活地引入先进的管理理念和技术手段，提高管理效率，降低决策层次的复杂性，更好地应对各类管理挑战。

2. 促进教育理念的多元化

通过支持学校的自主权，有望为教育理念的多元化创造更为宽松的环境。学校在自主权的框架下，能够更灵活地尝试和推广不同的教育理念和方法，从而促进教育的多元化，推动创新性教学模式的涌现，进而激发学生的学习兴趣和创造力。

学校可以根据自身特点和师资情况，灵活选择适合本校的教育理念。不同学校具有不同的文化和背景，因此，在自主权的支持下，学校有更多的空间去根据自身实际情况选择适宜的教育理念，推动教育的多元发展。

自主权的加强有助于推广创新型的教学方法。学校可以更自由地尝试新的教学理念和方法，探索符合学科特点和学生需求的创新教学方式。这有望在教育领域引领一些新的趋势，促进教育方式的创新和提升。

教育理念的多元化也意味着学生有更多选择适合自己学习风格的教学方式。学校通过引入多元化的教育理念，能够更好地满足学生的个性化需求，激发他们的学习兴趣，培养他们的创造性思维和解决问题的能力。

（二）教师专业发展的个性化路径

1.定制化的培训计划

通过调整评价机制和增强培训资源，政策的一大成果是教师将更容易地选择适合自身特长和兴趣的培训计划。这种灵活性将引导学校或相关机构提供更加定制化的培训，以满足教师个性化的职业发展需求，从而使他们更好地发挥个人优势。

调整评价机制为教师提供了更多选择适应自身发展方向的机会。教师可以根据个人兴趣、专业领域和职业规划，在不同方向上进行深入地培训，从而更好地锤炼个人技能和知识体系。这样的选择性培训能够激发教师的学习热情，提高培训的参与度和效果。

政策的加强培训资源不仅意味着数量上的增加，更体现在培训资源的多样性和深度上。教师可以选择更贴合自身需求的培训内容，这有助于更全面地提升教师的专业水平。例如，针对不同科目、不同年龄段的学生，提供具体、实用的培训，使教师能够更好地应对具体的教育挑战。

政策引导下的定制化培训将更加注重教师的个性化发展需求。学校或相关机构可以通过深入了解每位教师的专业背景、兴趣爱好、职业规划等方面，为其量身打造个性化的培训计划。这样的精准度和个性化将极大地提高培训的实效性，使教师更好地应对职业生涯中的挑战。

2.多元化的发展路径

政策调整为教师职业发展带来了更多的多元化发展路径选择，强调了教学、科研、教育管理等不同方向。这种调整赋予了教师更大的自主权和灵活性，使其能够更自由地选择适合自己兴趣和职业目标的发展方向，从而形成多元化的专业发展路径，促使他们更全面地提升自身综合素质。

在新的政策指导下，教师们可以更加灵活地规划自己的职业生涯。主要从两个方面来说，一方面，教学是教师职业发展中的重要方向，政策调整将注重培养教师优秀的教学能力，提倡创新教学理念，鼓励教师在课堂上积极尝试各类教学方法，使其成为教学领域的专家。

另一方面，科研也被强调为一个重要的发展路径。政策鼓励教师参与学科研究项目，提供相应的支持，如研究经费和项目评审。这使得教师可以更深入地参与学科研究，提高专业水平，推动学校整体的科研水平的提升。

此外，教育管理也成为一个备受关注的发展方向。政策调整将更多关注教育管理方面的培训和支持，鼓励有管理潜力的教师参与学校管理层面的工作。这使有管理愿望和才能的教师有更多的机会晋升到管理岗位，推动学校管理水平的不断提高。

（三）在线培训促进教育资源的均衡分配

1. 克服地域差异

引入在线培训资源是一项有助于克服地域差异的创新举措，尤其是对边远地区的教师而言。通过在线培训，这些教师可以便捷地获取到丰富的培训资源，弥补了地理上的距离，有效缩小了城乡之间的教育资源差距，从而在一定程度上提高了偏远地区的教育水平。

在线培训资源的引入打破了传统培训受地域限制的局面，让边远地区的教师也能够享受到与城市相媲美的培训机会。这为他们提供了更多学习的机会，使得他们能够与更广泛的专业人才进行交流互动，拓宽自己的教育视野。

在政策调整的框架下，加强在线培训资源的建设和推广将成为一个重要方向。通过提供高质量的在线培训课程，政策可以促进全国范围内教师的专业水平均衡提升，进而缩小不同地区之间的教育质量差异。这也有助于打破地域差异对于教育资源分配的限制，实现教育资源的更加均衡分配。

2. 促进信息化教学

在线培训不仅是为教师获取知识的途径，更成为促进信息化教学的重要手段。通过在线培训，教师可以更便捷地了解和应用先进的教育技术，使得这些技术更加平等地分布在教育体系中。

随着信息技术的不断发展，教育领域也面临着信息化的挑战。在线培训为教师提供了学习和掌握最新教育技术的机会，使其更好地适应信息化教学的要求。教师通过在线培训可以了解到最新的教育应用软件、在线教学平台等工具，这将有助于丰富他们的教学手段，提高他们信息化教学的水平。

政策的调整应当重视在线培训在促进教师信息化教学方面的潜力。通过鼓励和支持教师参与相关培训，政策可以引导教育系统更广泛地应用信息技术，提升整体信息化水平。这有助于消除信息化教学在不同地区之间的差距，让更多的学生能够享受到高质量的信息化教育资源。

第六章　教师文化多元融合与创新

第一节　不同文化背景下的教师文化融合

一、多元文化的定义与特征

(一)定义

多元文化是指在一个特定的群体或社会内,存在着丰富而截然不同的文化元素。这些元素涵盖了语言、价值观等多个层面,构成了一个多层次、多元化的文化体系。在教师团队中,多元文化的体现不仅是简单的文化差异,更是每位教师所具有独特的文化背景在共同工作中的交融与碰撞。

在这样的教师团队中,每一位教育工作者都是一个文化的代表,他们的语言、信仰和价值观都可能因个体差异而千差万别。这就形成了一种独特的多元共存的文化景观,呈现出丰富多彩的文化面貌。语言是多元文化中的一个重要的元素,不同教师可能使用各自独特的语言表达方式,带有特定的口音和方言,这使得交流中既有新颖的沟通体验,也可能存在对理解的挑战。

价值观的多元化在多元文化中也得到了充分展现。教师们可能对家庭、教育、社会等方面拥有不同的看法和态度,这样的差异丰富了教育团队内部的观念体系。这种多元文化的共存为教师提供了更广泛的思维空间,也为学生提供了更为全面的教育体验。

在教育领域,多元文化的共存既带来了文化碰撞与摩擦,也为教学提供了更为广泛的视角和创新的可能性。通过共同工作、交流与合作,教师们可以学习、尊重并融合彼此的文化特点,形成一支更具包容性和创造性的教育队伍。这样的多元文化团队,也为学生提供了更为丰富、全面的教育体验,培养了跨文化交流和合作的能力。因此,多元文化的存在不仅是教育领域一种挑战,更是教育领域中一种宝贵的资源。

(二)特征

1. 语言差异

在多元文化团队中,教师的语言背景可能存在着显著的差异,这就导致了一系列的语言差异。这些差异主要体现在口音和方言的不同,构成了团队内部的语言多样性。

首先,口音的差异是由不同教师家乡的发音特点不同所导致的。每位教育工作者所受的语音影响和语调习惯可能各异,从而形成独特的口音。这种口音差异既是多元文化团队的一个独特之处,也为团队内部的交流带来了新颖和丰富的体验。教师们在相互交流中能够感知到不同语言风格的美妙之处，这有助于培养学生对多元化语言的包容心态。

其次，方言的差异主要体现在教师们使用的具体词汇和表达习惯上。由于家乡的不同，教师们可能会在授课中使用一些地域性的词汇，或者在表达上存在一些微妙的差异。这样的词汇差异既能够为学生提供更广泛的语言输入，也可能在一定程度上增加对跨文化沟通的挑战。然而，通过相互的学习和了解，团队成员之间能够逐渐协调语言差异，促使语言多元性成为团队协作和教学的一种优势。

2.价值观的多样性

在多元文化团队中，教师们由于来自不同的文化背景，可能拥有各异的价值观。这种多样性体现在他们对家庭、教育、社会等方面的看法，以及在面对问题时所持的态度和处理方式上。

教师在家庭价值观方面可能存在显著的差异。由于文化传统和家庭环境的不同，教师们对于家庭角色、责任分工、亲子关系等方面的理解和看法可能存在多元性。一些教师可能更注重于家庭的传统观念，强调家庭的凝聚力和传统文化的传承；而另一些教师可能更倾向于现代化的家庭观念，强调家庭成员之间的平等和个性发展。

教育价值观的多样性也是多元文化团队中的显著特点。不同文化对于教育的理念、目标和方法存在差异，这影响了教师对于学生教育的态度和期望。一些教师可能更偏向传统的教育方式，注重学科知识的传授和学生的纪律培养；而另一些教师可能更倾向于现代教育理念，注重培养学生的创新思维和实际运用能力。

社会价值观的多样性在团队中也表现得尤为明显。教师对于社会责任、公平正义、社会秩序等方面的关注可能因文化背景而异。一些教师可能更强调社会责任感，关注社会问题并努力引导学生参与社会实践；而另一些教师可能更关注个体权益，强调个体自由和权利的保障。

二、文化融合策略探讨

（一）促进跨文化沟通

在多元文化团队中，促进跨文化沟通是实现文化融合的首要任务。有效的沟通有助于教师更好地理解和尊重彼此的文化差异，为协同工作和共同发展创造良好的氛围。因此，建立跨文化沟通机制至关重要。

可以通过定期的团队会议、交流活动等形式，鼓励教师分享各自文化中的教学经验和教育理念。这有助于打破沉默，激发团队成员介绍自己文化的积极性。在跨文化沟通中，不仅是语言的交流，更涉及背后的文化背景、价值观等方面的理解。因此，通过分享个体文化中的教育元素，教师可以更全面地认识到彼此的差异，从而建立更紧密的关系。

建立在线平台或社交媒体群组，方便教师随时分享和交流。这种开放性的沟通渠道可以使教师在工作之余更轻松地分享彼此文化的特色，促使团队成员更全面地了解对方。同时，通过在线互动，教师可以及时提出疑问、解答问题，促进信息的流动和知识的交流，加强跨文化沟通的实质性效果。

引入跨文化团队建设的培训课程，提升教师的跨文化沟通能力。这包括如何处理文化冲突、尊重多元文化、有效协同工作等内容。培训计划应该贴近教师的实际需求，注重操作性，使教师能够在实践中更好地应用跨文化沟通的技巧。

（二）制定文化融合培训计划

文化融合培训计划是推动教师更好地理解和尊重彼此文化差异的关键步骤。通过系统的培训，教师可以加深对多元文化的认识，提高融合的主动性，为文化融合奠定基础。

制定全面的文化融合培训计划，包括对多元文化概念的介绍、文化差异的认知、跨文化沟通技巧的培养等内容。培训计划应该具有系统性，通过层层递进的方式，让教师从浅层次到深层次逐步理解和接受多元文化的理念。

提供多元文化案例分析和实践操作，使培训内容更具实际应用性。通过真实案例的讨论，教师可以深入了解不同文化间可能存在的问题，并学习如何通过沟通和合作解决这些问题。实际操作环节可以帮助教师将培训所学知识融入实际工作中，形成深刻的体验。

定期评估培训效果，根据实际情况调整培训内容和方式。培训计划应该有一个不断优化和改进的过程，通过教师的反馈和评估结果，及时调整培训方向，确保培训的实效性和针对性。

第二节　教师文化创新与教育改革的关系

一、创新对改革的推动作用

（一）突破传统教学模式

创新对改革的推动作用在于教师文化的创新可以带来对传统教学模式的突破，推动学校教育朝着更加开放、灵活的发展方向迈进。

1.开展探索性教学方法

教育中的探索性教学方法是一种创新性的教学手段，教师文化的创新通过引入这些方法，不仅能够激发教师尝试新的授课方式，而且可以更好地满足学生多样化的学习需求。具体而言，项目制学习和问题解决式教学是两种富有创意的探索性教学方法，它们在教学实践中取得了显著的成效。

项目制学习是一种以项目为基础的学习方式，通过学生参与实际项目，达到跨学科的知识融合和实际问题解决的目的。教师在这个过程中扮演引导者的角色，激发学生的学习兴趣和主动性。例如，在语言课程中，教师可以组织学生开展跨文化交流项目，通过合作解决实际语言交流中的文化差异问题，从而促使学生更深入地理解多元文化。

问题解决式教学强调学生通过解决真实世界中的问题来学习，注重培养学生的批判性思维和解决问题的能力。教师在这种教学模式下成为学生学习的引导者和支持者。例如，在数学课堂上，教师可以提出一个实际问题，让学生运用所学知识进行解决，从而加深对该数学概念的理解。

教师文化的创新通过开展探索性教学方法，不仅有助于创设更具互动性和创造性的教学氛围，而且更好地适应了当代学生的学习方式。这样的教学创新既能提高学生的学科知识水平，又能够培养他们在解决实际问题时的综合素养。在多元文化的背景下，这种创新教学方法也为学生提供了更广阔的视野，使其更好地适应未来多元文化社会的发展。

2. 引入现代教育技术

在教师文化的创新中，引入现代教育技术是一项关键举措。这种创新不仅丰富了教学手段，也为学生提供了更为灵活、个性化的学习体验。具体而言，现代教育技术的引入包括在线学习平台、虚拟实验室等多种形式。

在线学习平台的引入使得学习不再受制于时间和空间的限制。教师可以通过在线平台上传教学资源，学生可以根据自身的学习进度随时随地进行学习。这种方式不仅提高了学习的便捷性，同时也激发了学生对新技术的兴趣和适应能力。在线学习平台的多样化资源还有助于满足多元文化教育的需求，使学生能够接触到更广泛的文化元素。

虚拟实验室的引入为科学类课程提供了更为生动和实际的学习环境。通过虚拟实验室，学生可以进行模拟实验，观察和分析实验结果，提高他们的实践操作能力。教师可以根据学生的学科需求选择合适的虚拟实验项目，拓展多元文化下的实践经验。这也为学生提供了更丰富的文化体验，使他们能够更好地理解不同文化的科学实践和创新。

3. 鼓励跨学科教学

教师文化的创新在推动跨学科教学方面发挥着重要作用。通过鼓励跨学科教学的实践，教师可以促进不同学科之间的融合与交叉，从而提供更为综合和有深度的学习体验。这种创新对于培养学生具有更全面的知识结构和提升综合素养具有显著的意义。

教师可以通过合作开设跨学科课程来促进不同学科之间的融合。这种合作不仅是简单地将两个学科的内容堆叠在一起，更是通过深入研究，找到两个学科之间的内在联系，形成有机的整体。例如，可以将文学与科学相结合，通过文学作品中的科学元素引导学生深入了解科学知识。这样的跨学科教学有助于打破学科之间的壁垒，使学生更好地理解知识的联系和应用。

跨学科教学的实践有助于提升学生的综合素养。在跨学科的学习环境中，学生需要运用不同学科的知识解决复杂问题，培养综合分析和解决问题的能力。这种跨学科的学习方式有助于学生形成更为全面的知识结构，使他们能够更好地适应未来复杂多变的社会需求。

（二）应对社会需求

教师文化创新与社会需求密切相关，有助于培养适应未来社会需求的学生。教育改革需要教师文化的创新作为支撑，以更好地应对社会的发展和变化。主要从以下几点进行分析。

1. 强调实践能力的培养

创新的教师文化致力于培养学生的实践能力，强调对知识的应用和解决问题的能力，以满足社会对人才的新需求。在这一教育文化的框架下，学生不仅是知识的接收者，更是能够运用所学知识去解决实际问题的实践者，培养了更具适应力和创造力的学生。

强调实践能力的培养意味着教师在教学中更注重将知识与实际情境相结合。通过引入案例分析、实地考察等教学方法，学生能够在真实的环境中运用所学知识，培养解决实际问题的能力。这种以实践导向的教学方式不仅使学生更深刻地理解知识，还让他们在实践中培养了动手动脑的能力，为将来的职业生涯做好充分准备。

创新的教师文化注重培养学生的团队协作和沟通能力。实践能力的培养往往涉及多学科的综合运用，需要学生具备团队合作的能力。通过项目制学习、团队实验等方式，学生能够在团队中协作解决问题，锻炼了他们的团队协作和沟通技能。这样的培养有助于学生更好地适应未来社会工作中的协同环境，提高整体的职业竞争力。

2. 培养创新思维和团队协作

教师文化创新的一个重要方面是通过鼓励创新思维和团队协作，培养学生在团队中展现主动性和领导力。这一创新导向的教育理念在未来社会中具有重要意义，社会的发展越来越强调协同合作和创新能力，而培养学生的这些素质将有助于他们更好地适应未来社会的变革。

教师文化创新注重培养学生的创新思维。通过引入启发性的教学方法，如问题解决、项目制学习等，学生被鼓励思考和解决真实世界中的问题。这种创新思维的培养有助于学生更好地适应未来社会对解决复杂问题的需求，使他们具备独立思考和创造性解决问题的能力。

教师文化创新强调团队协作的重要性。通过组织学生参与团队项目、合作实验等活动，学生能够培养协同合作的能力。这种团队协作的培养不仅提高了学生的集体智慧，还锻炼了他们在团队中展现主动性和领导力的能力。这对于学生未来步入社会工作环境，更好地融入团队并展现领导才能具有积极作用。

3. 引入职业导向教育

教师文化创新的另一个重要方面是引入职业导向的教育，旨在使学生更早地接触和了解职业领域，提前规划自己的职业发展方向。这一创新举措有助于缩小学校教育与社会实际需求之间的鸿沟，为学生提供更贴近职业现实的教育体验，从而使他们更具备职业竞争力。

引入职业导向的教育能够提供更直观的职业信息。通过与行业专业人士的互动、实地参观、职业讲座等形式，学生可以更直接地了解各种职业的特点、发展前景以及所需技能。接触早期的职业信息有助于学生在职业规划上更明智地做出选择，减少由于对职业领域认知不足而导致的迷茫和摸索。

职业导向的教育可以强化学校教育与职业需求的衔接。通过与企业、行业合作，学校可以更好地了解当前职业市场的需求,有针对性地调整课程设置,培养更符合社会需求的人才。这种衔接有助于学生顺利过渡到职业生涯,提高他们的就业竞争力。

二、教育改革中的文化创新实践

(一)课程设计与文化元素融合

教育改革中,教师通过创新课程设计,将不同文化的元素融入教学内容,旨在使学生更好地理解多元文化,推动文化创新的实践。

1.多元文化教材的引入

在课程设计中,教师可以巧妙地引入多元文化教材,这些教材涵盖了不同国家、地区和民族的历史、文学、艺术等内容。这种做法旨在通过教材的多样性,帮助学生更全面地了解世界各地的文化差异,促使他们培养跨文化的视野,进而提高对多元文化社会的适应力和理解力。

多元文化教材的引入丰富了教学内容。通过在课堂上使用包含不同文化元素的教材,教师能够向学生展示全球范围内的多元文化信息。这不仅使学生接触到更广泛的知识领域,也激发了他们对不同文化的好奇心,培养了他们主动学习的动力。

多元文化教材有助于打破文化局限性。通过引入来自不同文化背景的教材,学生有机会了解和思考不同民族、不同国家之间的历史、价值观和艺术表现形式等。这有助于消除学生对于陌生文化的刻板印象,促使他们更加开放地接受和尊重多元文化的存在。

多元文化教材的使用培养了学生的跨文化视野。通过深入研究不同文化的相关教材,学生能够逐渐形成较为全面的跨文化视野,更好地理解世界的多元性。这对于他们未来的社会参与和国际交往都具有积极的意义。

2.跨文化案例研究

通过跨文化案例研究的方式,教师能够巧妙地引入不同文化的实际问题,为学生提供更为深刻和具体的跨文化学习体验。在分析和解决这些实际案例的过程中,学生不仅获得理论知识,更能培养更高层次的跨文化沟通和解决问题的能力。

跨文化案例研究的魅力在于它为学生提供了一个实际而具体的背景,让他们能够置身于真实世界的跨文化场景中。

学生通过案例分析能够更深入地了解文化在解决问题中的作用。案例研究通常涉及现实中存在的跨文化挑战和冲突,学生需要审视文化差异是如何影响问题的产生和解决的。通过对案例的深入研究,学生能够体会到不同的文化观念、价值观之间的碰撞,进而理解在跨文化环境中应对问题的复杂性。

跨文化案例研究激发了学生的主动学习和参与。在解决实际案例的过程中,学生需要积极主动地调查和分析相关信息,提出合理的解决方案。这培养了学生主动学习和问题解决的能力,使他们逐渐成为有独立思考能力的终身学习者。

跨文化案例研究有助于学生培养更高层次的跨文化沟通能力。在案例研究的过程中,学生需要考虑如何在不同文化背景下与他人进行有效沟通，协商解决问题。这锻炼了他们在跨文化环境中理解他人、尊重差异、协调合作的能力，为未来跨文化交往提供了重要的实践经验。

3. 多元文化互动体验

教师在跨文化教育中可以设计并组织多元文化的互动体验活动，以提供学生更为全面深入的跨文化学习体验。这些互动体验活动包括文化节、交流讲座等，通过亲自参与不同文化的活动，学生将能够更深刻地感受和理解其他文化，从而促使他们更加开放和包容。

举办文化节是一种非常有效的互动体验方式。在文化节中，学生有机会亲身体验其他的传统文化、风俗、美食等多个方面。他们可以参与文化展示、手工艺制作、传统舞蹈或音乐表演等活动，通过参与互动，学生能够在轻松活泼的氛围中深入了解其他文化的特色，增进对多元文化的认知。

组织交流讲座也是促进多元文化互动的有效途径。邀请具有丰富跨文化经验的嘉宾或专业人士，进行文化交流讲座，与学生分享他们在不同文化环境中的见解和体验。通过听取真实的案例和经历，学生可以更直观地感受到跨文化交流的挑战与机遇，拓展对世界多元性的理解。

模拟跨文化互动场景也是一种有益的教学方法。教师可以设计角色扮演、情景模拟等活动，让学生在模拟的环境中扮演不同的文化角色，体验在跨文化交流中可能遇到的问题和解决方式。这样的互动体验使学生更具备实际应对挑战的能力，提高他们在跨文化环境中的适应性和沟通技巧。

（二）引入新的教学技术

在教育改革中，教师的文化创新也包括对教学技术的积极应用，以提升教学效果和适应当代学生的学习需求。

1. 利用虚拟现实技术

教师在跨文化教育中可以借助虚拟现实技术，创造出具有跨文化交流特色的虚拟环境，为学生提供更丰富的跨文化体验。通过虚拟现实的体验，学生可以在虚拟环境中模拟不同文化背景下的情境，从而增强他们的跨文化认知和沟通技能。

虚拟现实技术可以用于创建具体的文化场景。教师可以设计虚拟场景，让学生仿佛置身于其他国家或地区，感受当地的文化氛围、风土人情。这种全方位的虚拟体验有助于学生更深入地理解和体验不同文化的特点，激发他们对多元文化的兴趣。

虚拟现实还可用于模拟跨文化交流的互动情境。通过虚拟现实平台，学生可以参与模拟对话、文化交流活动，与虚拟人物或其他学生进行跨文化沟通。这种模拟的互动体验可以使学生更好地理解和适应不同文化中的沟通方式、礼仪等，提高他们在真实跨文化环境中的交际能力。

虚拟现实技术还能提供跨文化问题解决方案的训练。通过虚拟情境中设定的跨文化挑战，学生可以在模拟的环境中解决各种文化冲突和问题，培养他们解决问题的能力和应对复杂情境的技能。

2. 在线协作工具的运用

利用在线协作工具是促进学生跨文化合作的一种创新方法。教师可以通过网络平台组织学生参与跨文化合作项目，利用在线协作工具推动不同文化背景的学生共同完成任务。这种跨文化协作的方式为学生提供了一个开放的、灵活的学习环境，有助于更好地理解和尊重多元文化。

在线协作工具为学生提供了跨越地域和时空的合作平台。通过使用各种在线协作工具，如团队协作软件、云端文档编辑工具等，学生可以在不同地理位置的情况下协同完成任务。这种实时、异地的协作方式有助于打破地域限制，使学生能够与来自不同文化背景的同伴共同学习和合作。

在线协作工具为学生提供了多样化的交流和互动方式。通过在线平台，学生可以进行实时的文字交流、语音通话、视频会议等多种形式的沟通，促使他们更直观地了解其他同学的观点、习惯和思考方式。这种多元化的交流方式有助于建立更加紧密的团队合作关系，培养学生的跨文化沟通技能。

在线协作工具还提供了便捷的资源共享和合作编辑功能。学生可以通过在线平台共享学习资源、编辑文档、合作完成项目，实现信息的即时传递和集体智慧的汇聚。这种协同编辑的方式有助于学生深入合作，从而更好地应对跨文化项目中可能出现的挑战。

3. 个性化学习平台的构建

个性化学习平台的构建是教育改革中的一项创新，为教师文化注入了新的活力。通过个性化学习平台，教师可以更好地满足学生的多元化需求，推动学生更主动、积极地参与学习过程，以提高整体的学习效果。

个性化学习平台能够根据学生的文化背景提供定制化的学习内容。考虑到学生来自不同的文化环境，个性化学习平台可以根据学生的文化特征，调整教学内容的表达方式和案例选择，使学生更容易理解和接受知识。例如，在语言表达上考虑到语境差异，或者在案例选择上充分考虑学生所熟悉的文化元素，以提高学习的有效性。

个性化学习平台可以根据学生的兴趣爱好量身定制学习路径。不同学生对于学科的兴趣爱好有所差异，个性化学习平台可以通过智能算法分析学生的兴趣方向，为其推荐相关的学科内容和拓展资料。这种个性化的学习路径设计能够激发学生学习的兴趣，提高学习的积极性。

个性化学习平台还能够提供多元化的学习资源。在多元文化的背景下，个性化学习平台可以整合全球范围内的优质学习资源，为学生提供更加广泛的知识视野。学生可以通过个性化学习平台获取来自不同文化背景的学习资源，促使他们形成更全面的认知，培养跨文化的学习素养。

第三节　激发教师创新能力的文化支持策略

一、创新能力培养策略

（一）提供专业发展机会

1.研讨会的多样化形式

学校和教育机构在促进教师专业发展的过程中，研讨会作为一种重要的专业发展形势，具有丰富多样的形式，旨在深化学科知识的交流和促进教学经验的分享。可以从两方面来讲。

一方面，在学科知识的深度交流方面，研讨会的设计至关重要。通过精心策划，学校可以邀请领域内的专家参与研讨，使教师得以深入探讨学科核心问题。这种形式不仅为教师提供了与专业领域内顶尖专家交流的机会，更能够促进他们对学科知识的深刻理解。通过专业领域内的研讨，教师可以更新自己的知识储备，加强学科素养，推动个体在学科领域内的全面提升。此外，为了进一步激发教师的跨学科创新思维，引入跨学科研讨会也是至关重要的。通过跨学科的研讨，教师可以突破学科壁垒，拓宽视野，深入了解其他领域的前沿动态。这样的多元化交流有助于在不同学科之间寻找共通点，促进跨学科合作，为创新的融合提供更为广泛的可能性。

另一方面，教学经验的分享平台也是专业发展的重要组成部分。通过精心组织的专业发展机会，学校可以提供教师分享成功经验和面对挑战的平台。这样的分享不仅是为了展示教学成果，更是为了促进经验交流。通过定期组织教学观摩活动，学校可以营造一种共同成长的氛围，让教师们走进同行的课堂，互相学习借鉴。这种互动式的分享模式有助于教师发现不同学科、不同年级之间的共性问题，推动教学方法的不断创新。教学经验的分享平台也为教师提供了反思的机会，通过倾听他人的经验，加深对自己教学方式的认识，从而更好地调整和优化自己的教学实践。

学校和教育机构在构建专业发展机会时，应充分发挥研讨会的多样化形式。通过深度交流学科知识和激发跨学科创新思维，以及通过分享教学经验平台促进教学经验的传递和交流，将为教师提供一个全面而富有启发性的专业成长环境。这样的专业发展策略将有助于培养更具专业素养和创新精神的教育从业者，为教育事业的不断进步贡献积极的力量。

2.创新理念的交流平台

创新理念的交流平台在教育领域中扮演着至关重要的角色，为教师提供了展示研究成果、分享创新理念的关键机会。学术会议作为其中一种重要形式，被认为是创新理念交流的关键平台。学术会议不仅提供了一个汇聚各领域专家学者的场所，更为教师们提供了分享研究成果、探讨创新理念的独特机会。教育机构应当鼓励教师积极参与学术会议，以促进理论研究和实践经验的深度交流。通过这种形式，教师们能够直接接触到最新的研究成果和前沿理念，从而不断丰富自己的专业知识储备，推动教育领域的不断创新。

为进一步拓展创新理念的交流，学校还可以在教育机构内设立专门的学术论坛。这样的论坛旨在提供更广泛的交流机会，不仅包括与学科相关的讨论，还涵盖跨学科的交流。通过设立学术论坛，教育机构可以打破学科的局限，促进不同领域之间的交流与合作，为创新理念的跨界融合提供更为有力的支持。论坛的设立将为教育者提供更多展示和分享创新教学经验的机会，推动理论和实践的有机结合。

除了传统的线下交流形式，学校还可充分利用在线平台建设虚拟社群，以促进创新理念的在线交流。通过在线讨论、博客分享等方式，教师可以随时随地参与交流，不受地理和时间的限制。这种开放性的平台不仅能够为教育者提供更为便捷的交流途径，还有助于促进思想碰撞，激发创新灵感。在线平台的建设不仅可以为教育者提供一个持续性发展的交流空间，也能够促使更多教师参与到创新理念的讨论中，形成更为广泛的创新共识。

在如今数字化时代，通过学术会议和在线平台的结合，学校和教育机构可以为教育者提供更为多元和便捷的创新理念交流机会。这样的交流平台不仅有助于教育领域的知识共享和理念碰撞，也能够为教师提供更丰富的专业发展机会，推动教育体系朝着更加创新、高效的方向不断发展。

3. 团队合作的重要性

团队合作在教育领域中的重要性不可忽视。专业发展既需要关注个体教师的成长，更需要注重团队之间的合作与协作。学校在这一过程中可以建立协作机制，以激励教师组成研究团队，共同探讨和研究教学问题。团队合作的机制能够为教育者提供更为广泛的学术支持和创新灵感，从而推动整个团队在专业素养和教学方法方面的全面提升。

协作机制的建立不仅鼓励教师在团队中形成亲密的合作关系，更能够促使集体创新的发生。通过不同视角和学科背景的交流，团队成员能够共同思考教育领域的问题，从而激发更多的创意。这样的协作机制不仅是为了解决具体教学问题，更是为了营造一个有利于创新和共同成长的氛围。团队合作使得教师能够在集体的智慧中获取更多的启示，推动整个团队朝着共同的目标迈进。

在团队合作中，共同探讨是推动创新的一种有效方式。学校应当为团队成员提供定期的探讨平台，让他们能够分享研究成果、共同解决教学中的难题。这样的平台有助于达成共识，推动团队整体的创新水平地提升。通过集体讨论，教师能够借鉴他人的经验，共同探索教育领域的新思路。共同探讨也有助于在团队内形成一种协同的氛围，使得教育者更愿意开放心态地面对挑战，寻找创新性的解决方案。

在教育领域中，团队合作不仅是一种工作方式，更是一种推动整个教育体系不断创新发展的重要力量。通过协作机制的建立和共同探讨平台的提供，学校可以为教师团队提供更多专业发展的机会，从而在集体努力中促进教育质量的提升。团队合作不仅带动个体教师的成长，更推动整个教育系统的变革，实现教育的可持续发展。

（二）设立创新基金

1. 资金支持的必要性

在教育领域，资金支持的必要性主要体现在促进教师创新活动上，而政策层面设立创新基金则成为关键的支持措施。这一举措旨在提升教学质量，为此，政策制定者应当设立专项经费，以资助教师开展各类创新项目，涵盖新教学方法、教育技术应用和课程设计等多个方面。

创新基金的设立有助于促进教师的创新活动。通过为教师提供经费支持，政策层面能够鼓励他们积极参与创新实践。这包括但不限于尝试新的教学方法、引入先进的教育技术以及设计创新的课程内容。资金的注入为教师提供了实现创新理念的实际条件，推动了他们更加勇于尝试和探索，从而促进教学质量的提升。

创新基金的设立能够有效提高教师的创新积极性。在经济支持的激励下，教师将获得更多尝试新方法的机会，降低了创新风险，使其更愿意探索教育领域的前沿问题。这种积极性的提高不仅体现在个体层面，更在整个教育系统中产生良性影响，推动教学模式的不断更新与进步。

创新基金的设立是一项有力的支持措施，旨在激发教师的创新活动，并提高其创新积极性。政策层面的经济支持不仅为教育者提供了开展创新实践的资金保障，也为整个教育体系的创新注入了新的活力。通过这一措施，可以促使教师更加积极地融入创新思维，推动教育领域持续发展。

2. 评审机制的建立

（1）保障资金使用效益

在设立创新基金的过程中，确保资金使用效益是至关重要的，而建立严格的评审机制成为保障资金有效运用的重要手段。政策制定者在这一过程中应该着重考虑如何通过专业评审委员会的审核来保证项目的创新性和实施可行性，使创新基金真正成为推动教育领域创新发展的有力工具。

建立专业评审委员会是保障资金使用效益的关键一步。这样的评审委员会应由教育领域的专业人士组成，具备深厚的学科知识和实践经验。专业评审委员会能够对教师提交的创新项目进行科学地、全面地评估，确保项目在教学实践中能够取得积极成果。通过专业评审，政策层面能够准确判断项目的创新性，防止投资流向不具备实质性推动教育创新的方向，保证资金的精准使用。

评审机制应关注项目的实施可行性。专业评审委员会的审核过程中应该特别关注项目的可操作性和可持续性。这包括项目计划的详尽程度、资源利用的合理性、实施过程的可控性等方面。通过对项目实施的可行性的仔细评估，政策层面可以确保资金投入不仅在理论上具备创新性，更在实际应用中能够取得显著效果，实现教育领域的创新发展目标。

（2）鼓励跨学科创新

评审机制的完善不仅应该关注项目的创新性和可行性，还应该在鼓励跨学科创新方面发挥积极作用。政策制定者在设立创新基金的背景下，可以通过评审机制的调整来引导教师在不同领域间进行有效探索，从而推动跨学科创新的发展。这一举措不仅有望打破学科壁垒，更能促进知识融合，为整个学科发展注入新的活力。

评审机制应当设定鼓励跨学科创新的标准和指标。在评审过程中，政策层面可以为跨学科创新设定专门的评估维度，如项目是否涉及多个学科领域、是否具备学科融合的创新思维等。这样的设定将为教师提交的项目提供明确的方向，鼓励其在项目设计中充分考虑跨学科的因素，促使教育创新更加全面、多元化。

政策层面可以通过设立跨学科创新奖励机制来激励教师。在评审的结果中，可以设立专门的奖励措施，鼓励那些在跨学科领域取得显著成果的教师。这种奖励机制将为教师提供额外的动力，促使他们更加积极地进行学科间的合作，打破传统学科的壁垒，推动教育创新的全面发展。

二、文化支持对创新的促进机制

（一）建立开放文化氛围

1. 鼓励知识分享

（1）培养共享精神

在开放文化氛围中，学校应当积极培养共享精神，促使教师更愿意去分享个人的知识和经验。这一共享精神的培养可通过组织各类活动来实现，例如，分享会、座谈会等，以鼓励教师在这些平台上主动分享成功案例和教学心得，从而形成良好的教学经验交流机制。

组织分享会和座谈会是培养共享精神的有效途径。通过定期举办这些活动，学校为教师提供了一个开放的交流平台，使他们可以在轻松的氛围中分享自己的成功经验和教学心得。这种分享不仅局限于课堂经验，还包括课程设计、学科理念等方面的内容，形成一个多维度的教学经验共享机制。

鼓励教师主动分享是培养共享精神的关键。学校可以通过奖励机制、表彰先进教师等方式，激发教师分享的积极性。这样的激励措施既能够肯定教师的付出，又能够为其他教师树立榜样，推动更多的教学经验得以分享。共享精神的培养也需要建立一种文化氛围，使得教师愿意将个人的成就融入整个学校的发展中。

（2）打破学科壁垒

在开放文化的背景下，学校应致力于打破学科壁垒，为不同学科的教师提供更便捷的思想和实践交流途径。为实现这一目标，学校可以建立跨学科的交流平台，其中包括组织跨学科研讨会等活动，从而鼓励教师超越传统学科的限制，更好地促进创新的跨界融合。

建立跨学科的交流平台是打破学科壁垒的重要途径。通过设立专门的跨学科交流平台，学校为不同学科的教师提供了一个共同的交流空间。这种平台可以是线上的虚拟社群，也可以是线下的实体研讨会，为教师创造一个自由交流的氛围，使其更容易进行思想和实践上的交流。

组织跨学科研讨会是促进跨学科交流的有效手段。通过定期举办研讨会，学校可以为教师提供一个深入研讨和交流的机会。这些研讨会可以涉及多个学科领域，促使教师在跨学科的环境中共同探讨教学问题，从而促进不同学科之间的交流与合作。

在这样的开放文化氛围中，教师将更容易打破学科壁垒，超越传统学科的框架，更灵活地运用不同领域的知识和经验。这种跨学科的交流与合作将为教育创新注入新的动力，使学校走向更为综合和创新的发展方向。

2.提供创新激励机制

（1）设立创新奖励制度

为了激励教师积极参与创新实践并促使创新成果得到更为广泛地认可和推广，学校可以建立创新奖励制度。这一机制通过评选优秀创新案例，为教师提供荣誉和奖励，有效地推动了学校内部的创新氛围。

创新奖励制度可以为教师提供一种外在的激励，激发其参与创新实践的积极性。通过设立荣誉称号、奖金或其他实质性奖励，学校能够明确表彰那些在教学、科研等方面取得杰出创新成果的教师。这样的制度既是对个体努力的褒奖，也是对整个学校创新氛围的促进，从而激发更多教师踊跃参与创新实践。

创新奖励制度有助于将优秀创新案例进行集中展示和宣传，提高创新成果的知名度和影响力。通过评选出优秀案例，学校可以通过内部宣传渠道或外部媒体进行推广，为学校树立创新的形象，同时为其他教师提供了学习和借鉴的机会，促进了创新经验的传承与分享。

（2）引入外部专家评审

为确保创新的独特性和实际价值，学校可以普遍引入外部专家进行评审创新项目。这一举措不仅提高了创新项目的质量，同时为教师提供了与外部专业人士交流的重要机会，促使他们更深入地挖掘创新潜力。

外部专家评审的引入使得创新项目能够接受来自行业内或领域外的客观而专业的审视。这种独立的评价有助于确保创新的独特性，避免局限于学校内部的观点和理念，从而使创新成果更具有实际应用和社会价值。外部专家的参与不仅提供了全新的视角，也为创新项目的发展提供了有力的支持。

与外部专家交流也为教师提供了难得的学习机会。通过与行业或领域内的专业人士交流，教师可以获得来自实践经验的启示，获取最新的行业动态和前沿理念。这不仅有助于教师在创新实践中更好地借鉴外部经验，也为他们提供了发展个人专业素养的机会。

3.培养创新思维

（1）引入创新教育课程

为了培养教师的创新思维，学校可以积极引入创新教育课程，为教育工作者提供系统化的培训和学习的机会。这些创新教育课程不仅致力于传授创新的理论知识，更通过实践案例的深入讲解，激发教师的创新思考，增强他们的创新意识和能力。

创新教育课程的引入，首先，为教师提供了系统学习创新理论的机会。这些课程通常包含有关创新概念、创新管理、创业精神等方面的知识，帮助教师建立起对创新的理论框架和基础认识。通过理论学习，教师能够更好地了解创新的内涵和原理，为后续实践提供理论指导。

创新教育课程注重通过实际案例的讲解，使教师能够深刻理解创新的实际运作。通过分析真实的创新案例，教师可以了解创新过程中所面临的挑战和机遇，学习到成功的经验。这样的案例教学既具有启发性，又能够让教师在实践中更好地应用创新理念。

（2）建立创新导师制度

为促进创新文化的深入发展，学校可以着力建立创新导师制度。这一制度旨在通过邀请拥有丰富创新经验的教师担任导师，指导新任教师进行创新实践，从而实现创新经验的传承，培养出更多有创新能力的教师。

创新导师制度的核心是通过师徒制度将有着成功创新经验的老师与新任教师进行有效地对接。这样的设计使新任教师能够在实际工作中深入了解创新的实践方法和策略，获得来自导师的指导和反馈。同时，创新导师也能够通过分享自身的创新经验，帮助新任教师更好地适应和理解学校的创新文化。

这一制度的优势在于可以形成良好的学术传承，让学校内部形成创新力的不断传递。通过与有经验的导师交流，新任教师能够更迅速地融入学校的创新氛围，学到更多实用的创新技能，提高创新思维。同时，老师作为导师也能够通过指导新任教师，不断激发自己的创新灵感，形成了良性循环。

（二）提供资源支持

1. 技术设备的提供

（1）更新教学技术设备

为适应快速发展的教育技术，学校应当持续关注并及时更新教学技术设备，以提供最先进的学习环境。其中，包括提供互动白板、多媒体教室等先进技术设备，为教师创造更多实践和创新的空间。

学校的教学技术设备的更新是确保教学质量与时俱进的重要手段。通过引入最新的技术设备，学校能够为教师提供更丰富多样的教学工具，有效地支持教学内容的呈现和学习活动的展开。特别是互动白板等先进设备的应用，不仅能够提高课堂互动性，还能够促进学生的参与和深度地学习。

及时更新教学技术设备还有助于激发教师的创新精神。新的技术设备通常随着新的教学方法和工具，教师可以通过学习和应用这些新技术，拓展教学手段，创造更富有创意和活力的教学方式。因此，更新技术设备不仅是为了迎合技术发展，更是为了激发教育创新。

（2）提供技术培训

为确保教育技术设备的有效运用，学校除提供先进的技术设备外，还应该实施相关的技术培训，以确保教师能够熟练掌握和应用新的教学技术。这一培训措施有助于提高教师的技术素养，激发他们更多的教学创新可能性。

技术培训的重要性在于帮助教师充分发挥技术设备的潜力。通过定期或有针对性的培训课程，教师可以深入了解新技术的特性、应用场景以及教学实践中的使用技巧。这不仅包括硬件设备的使用，还涉及相关软件工具的应用，帮助教师更全面地运用技术手段进行教学。

此外，技术培训也有助于提高教师对创新教学方法的接受程度。教师在熟悉并掌握了新的教育技术后，更有可能在实际教学中尝试创新方法，从而促进教学方式的更新。培训还可以帮助教师更好地理解学生对技术的接受程度和需求，为个性化教学提供支持。

2.实验室设施的支持

（1）建设现代化实验室

学校在推动教育创新的过程中，应该致力于建设现代化实验室，为教师提供充足的实践场地。现代化实验室的建设不仅包含先进的仪器设备，还应该提供专业的技术支持，以确保教师能够顺利进行创新实验。

现代化实验室的建设首先要关注先进的仪器设备的引入。学校应当投资购置最新的实验仪器和设备，以确保实验室能够配备最先进、最适用于教学和研究的设备。这不仅为教师提供了更广阔的实验空间，也为学生提供了更丰富的实践体验，促使他们更好地理解和掌握科学知识。

专业的技术支持也是现代化实验室建设中不可或缺的一环。学校应当配备专业的技术团队，为教师提供实验设备的操作培训、故障排除等技术支持和服务。这样的支持体系能够让教师更加专注于实验的设计和教学效果的提升，确保实验过程的顺利进行。

建设现代化实验室是为教育创新提供必要支持的重要举措。通过引入先进的仪器设备和提供专业的技术支持，学校能够为教师创造一个有利于科学实验和研究的环境。

（2）开放实验室资源

学校可以通过开放实验室资源的方式，积极促进教师跨学科合作，创造一种更为开放和多元的教学环境。在这种模式下，不同学科的实验室资源得以共享，为教师提供更多合作和创新的机会。

开放实验室资源有助于打破学科壁垒，促进跨学科的合作。通过共享实验室设备和场地，学校为不同学科的教师创造了一个交流的平台。这样的开放性设计使得教师可以更轻松地在实验室空间中跨越学科的边界，共同探讨问题，促进不同领域知识的交叉融合。

共享实验室资源能够为教师提供更多创新的机会。不同学科的实验室资源可能涉及不同的专业技术和仪器设备。当教师能够自由地利用其他学科的实验室资源时，他们将更有可能开展新颖的实验项目，尝试不同的教学方法，从而推动教育领域的创新发展。

第七章　新时代教师健康与心理文化

第一节　教师健康与心理健康的重要性

一、健康与工作关系探究

（一）教师健康的重要性

教师健康在教育领域扮演着至关重要的角色，是当务之急需要解决的关键问题。一系列研究发现，教师的身体健康直接关系到其工作效能，这对专业投入和学生学习成果产生了深远的影响。教育从业者的身体健康状况与其工作表现密切相关，直接影响到教育系统的整体运作。一位身体健康的教师更容易保持充沛的工作动力和积极的情绪，这对于创造积极的、富有活力的教育氛围至关重要。

教师在工作中需要付出大量的精力和心血，而身体健康的状况直接决定了他们能否充分发挥专业能力。一位健康的教育从业者更容易处理工作中的压力和挑战，更有可能展现出对学科的深刻理解和对学生的关心。这种健康状态对于提高教学质量、推动学生综合素养的全面发展至关重要。

此外，身体健康的教育从业者还能为学生树立良好的榜样。通过健康的生活方式和积极的工作态度，教师可以激发学生对健康生活和积极人生的向往，培养学生的综合素养和健康意识。教育环境中的教师充满活力和积极向上的形象将有助于形成良好的学习氛围，促进学生的全面发展。

（二）健康与工作表现的关联

1. 体力健康与工作效能

体力健康在教育领域中扮演着至关重要的角色，对教师的工作效能产生直接而深远的影响。良好的体力健康使教师能够更有效地应对繁重的工作压力，从而提高工作效率。疾病和疲劳往往成为影响教学质量的重要因素，而维持健康的身体状态则有助于促进教育过程的顺利进行。

在教育工作中，教师需要保持高度专注和灵活来应对各种挑战。体力健康的教师更容易保持良好的工作状态，有足够的精力和耐力来面对日常的教学任务。相对于身体疲惫或不适的状态，教师在良好的体力状态下更能有效地传递知识，调动学生的学习积极性，提高教学效果。

此外，体力健康还对教师的心理健康产生积极的影响。健康的身体状态能够促进积极的心态和情绪，有助于教师保持乐观、自信的态度。这种积极的心理状态对于应对工作中的压力和挑战至关重要，有助于形成稳定而高效的工作氛围。

同时，体力健康与学生之间的互动也是密切相关的。一个充满活力和体力充沛的教师能够更好地与学生互动，积极参与教育过程。他们能够更好地理解学生的需求，更好地回应学生的问题和对学生的关切，从而建立起更加良好的教学关系。

2. 心理健康与专业投入

心理健康对于教师的专业投入具有根本性的作用。教育领域中，教师的心理健康状况直接关系到其专业表现，对于工作的满意度和专业投入水平产生深远的影响。焦虑、抑郁等心理问题可能导致教师工作失常，而维持良好的心理状态则有助于提高工作满意度，从而提升专业投入水平，最终影响到学生的学习体验。

在教育工作中，教师需要处理各种复杂的情境，包括教学挑战、学生关系、家庭压力等。这些因素都可能对教师的心理健康产生影响。焦虑和抑郁等负面情绪状态可能阻碍教师对工作的投入，影响其专业决策和教学效果。反之，良好的心理状态有助于教师更好地理解学生需求，更积极地应对挑战，提高专业投入水平。

教师的心理健康状况还与工作满意度直接相关。一个心理健康的教育从业者更易在工作中体验到成就感和满足感，从而更加投入于教学工作。这种工作满意度与专业投入相辅相成，形成了一个良性循环。专业投入水平的提高又会反过来能促进教师的心理健康，形成一种相互促进的关系。

这种正向循环不仅对教师个体的发展有益，也直接关系到学生的学习体验。一位心理健康、专业投入的教师更有可能创造出积极、支持性的教学氛围，提供更有深度和启发性的教育体验。这对于学生的学习成果和全面发展具有积极影响。

（三）科学依据为健康促进策略提供支持

1. 基于数据的健康评估

基于数据的健康评估是一种科学而全面的方法，可用于量化教师的健康状况并分析其与工作表现之间的关系。这种评估方法为制定有针对性的健康促进策略提供了科学依据。通过采用多种手段，如定期健康体检和心理健康调查，我们能够全面了解教师的身体和心理健康状况。

定期的健康体检是一种直观且有效的数据收集方式，可以测量教师的生理指标，如血压、血糖、血脂等，以及身体质量指数（BMI）。这些生理指标反映了教师的身体健康状况，有助于早期发现潜在的健康问题。通过对这些数据的分析，我们能够了解不同健康指标之间的相互关系，进而深入理解这些指标与工作表现之间的潜在联系。

除了生理指标，心理健康的调查同样是非常重要的一环。通过采用标准的心理评估工具，可以测量教师的心理状态、应对压力的能力以及情绪健康水平。这些心理健康数据提供了关于教师情绪、压力水平和心理抗压能力的客观信息。与生理指标相结合，可以更全面地了解教师的整体健康状况。

基于这些数据的分析,我们可以发现教师健康状况与其工作表现之间的关联性。例如,身体健康问题可能导致教师工作效率下降,而心理健康问题可能影响教师与学生的互动和教学质量。有了这些信息,学校管理层可以制定有针对性的健康促进策略,如提供健康管理培训、定期心理健康辅导等,以促进教师的身心健康。

2.研究工作环境对教师健康的潜在影响

深入研究工作环境对教师健康的潜在影响,对于提高整体工作环境的健康水平和促进教育从业者的全面健康至关重要。工作环境是教师工作的生态系统,其质量直接关系到教师的身心健康状况以及工作表现。

工作环境中的工作压力是一个重要的影响因素。繁重的工作压力可能导致教师的身体和心理健康问题,进而影响到其教学效果。通过深入地研究工作环境中的工作压力来源,可以更好地制定减轻压力的策略,包括改善工作负荷分配、提供职业支持和发展机会等。这些措施有望有效降低教师的工作压力水平,从而提高其整体健康水平。

此外,办公设施和工作条件也对教师的健康产生直接影响。良好的办公设施和工作环境有助于提高工作效率,减少职业病风险。通过改善教室设施、提供人性化的工作空间以及使用符合人体工程学的办公家具,可以有效地提升教师的工作舒适度,减轻身体负担,有助于维护其身体健康。

优化工作流程也是改善工作环境的关键方面。通过研究工作流程,我们能够识别和解决潜在的工作流程"瓶颈"和问题,提高工作效率,减少不必要的工作负担。这有助于提升教师的工作满意度,改善其心理健康状况,从而为提高整体工作环境的健康水平奠定了基础。

二、心理健康在教育领域的价值

(一)心理健康对情绪状态的影响

1.积极心态与教学质量

教师的心理健康状况对其教学质量产生深刻而直接的影响。心理健康良好的教师更容易保持积极的心态,这一积极心态在应对教学挑战时具有显著的价值。一位拥有积极心态的教育从业者更有可能在面对困难和压力时保持冷静,更灵活地运用教学策略,从而有助于提高整体的教学质量。

积极心态有助于教师建立对教学任务的信心和积极态度。这种积极心态使教师更愿意面对教学中的挑战,从而更有可能创造出富有创新性和启发性的教育方法。与此同时,积极心态也有助于培养学生对学习的兴趣和积极性,形成积极向上的学习氛围。

教学过程中,教师常常需要迅速而果断地应对各种问题。在这种情境下,拥有积极心态的教师更具有解决问题的能力。他们能够更好地应对学生的差异性需求,更灵活地调整教学计划,提供个性化的指导。这种教学灵活性有助于提高学生的学习效果,从而提高整体的教学质量。

此外，积极心态还对师生关系的建立和维护起到重要的作用。一位心理健康的教师更有可能与学生建立积极地互动，建立起支持性的师生关系。这种关系有助于促进学生的情感发展和学术成就，提高整体的学习氛围和教学效果。

在教育领域，注重培养教师的积极心态和心理健康状况是提升教学质量的一个重要途径。通过提供心理健康支持、专业发展机会以及建立有益的工作环境，学校管理层可以帮助教师维持良好的心理健康状态，从而为他们在教学中展现出更高水平的专业素养提供了保障。这一关注不仅具有学术价值，更对教育系统的可持续发展和提升整体的教学质量产生积极而深远的影响。

2. 情绪稳定与人际关系

教师的心理健康稳定与其在人际关系中的表现之间存在着密切的联系。那些拥有心理健康稳定的教育从业者更容易与同事和学生建立良好的人际关系，这对于塑造积极向上的学校氛围、促进团队合作以及共同推动学校的全面发展具有非常重要的作用。

心理健康稳定的教师更能够在人际交往中保持冷静和理性。他们能够更好地理解和满足同事和学生的需求，更愿意倾听和接受他人的意见和建议。这种沟通的开放性和积极性有助于建立互信，从而促进团队成员之间的良好互动。在这种积极的人际关系氛围中，教师更容易形成合作性的工作态度，共同应对教育工作中的各种挑战。

良好的人际关系有助于形成稳定的团队合作氛围。教育团队的协同合作对于提高整个学校的综合素质至关重要。心理健康稳定的教师更愿意与同事分享资源、经验和教学方法，共同努力提升教学质量。这种合作精神不仅促进了教育从业者之间的共同进步，也对学生的综合发展产生了积极的影响。

此外，教育团队中的积极人际关系还有助于更好地理解学生的个性和需求。通过与同事建立积极的人际关系，教师便能够更好地借助集体智慧，共同应对学生在学业、情感等方面的问题。这种协同努力有助于形成全面关注学生发展的教育环境，更好地满足学生的多元化需求。

（二）建立积极学习氛围与提升教育质量

1. 激发学生学习兴趣

教师的心理健康对于与学生建立积极的沟通和信任关系具有关键性的影响，进而为激发学生的学习兴趣创造了有利条件。心理健康的教育从业者更容易展现出亲切、开放、积极的教学态度，从而更好地与学生建立良好的情感连接。这种连接不仅体现在教师对学生的理解和关心上，更表现在促进学生的学习动机和兴趣的培养上。

教育不仅是知识的传递，更是激发学生对知识的热爱和主动学习动力的过程。在一个心理健康的教育者引领下，学生更容易受到积极影响，建立起对学科的浓厚兴趣。教师的心理健康状况直接影响其对教学的投入和激情，这种教学激情往往会感染到学生，激发他们对学科知识的兴趣。

通过积极地沟通，教师能够更好地了解学生的兴趣、需求和学习风格。心理健康的教师更能够体察到学生的个性差异，更有耐心和关怀心态去引导学生发现和发展自己的潜力。这种个性化的关注有助于激发学生的学习兴趣，让他们更加主动、积极地参与到学习中。

心理健康的教育者还能够更好地处理教学中的挑战和困难，不易因压力而影响对学生的教学态度。他们能够更有耐心地引导学生克服学科难点，培养学生解决问题的能力，进而激发学生对学科探究的兴趣。

2. 提高教育质量

心理健康的教师在应对教育领域的各种挑战时展现出更为积极、创造性和灵活的态度，这对于提高教育质量、培养具有创新思维和实际应用能力的学生具有深远而重要的影响。

心理健康的教师能够更好地应对教育中的各种挑战。教育领域常常面临多样化的学生需求、复杂的学科内容和快速变化的教学环境等问题。心理健康的教育从业者更具有心理韧性，能够在面对压力和挑战时更能从容应对。他们能够更好地调整教学策略，灵活地应对学生的个性差异，提供更个性化的教育服务，从而提高教育的针对性和有效性。

心理健康的教师更具创造性和灵活性。在教育过程中，教师常常需要创新教学方法、设计富有启发性的教材和应对不同学科的挑战。心理健康的教育者更容易释放出积极的教学激情，勇于尝试新的教学方式，从而为学生提供更为丰富、多样的学习体验。这种创造性和灵活性有助于激发学生的学习兴趣，培养其主动探究的学风，从而提高整体的教育质量。

心理健康的教育从业者能够更好地与学生建立积极的互动关系。通过与学生之间的积极沟通和理解，教师能够更好地把握学生的学习需求和特点，有针对性地进行教学设计。这种积极互动关系有助于促进师生之间的信任感，激发学生对学科的浓厚兴趣，从而提高学生的学习动力和学业成就。

第二节 心理文化对教师健康的影响

一、文化对心理健康的塑造

（一）文化背景对心理健康的影响

1. 价值观念的塑造

不同文化背景下，对于成功、幸福等价值的认知存在显著差异，这直接塑造并深刻影响着教师的心理健康状态。在特定的文化环境中成长，教师往往不自觉地接受并内化了该文化的价值观念，这对其整体心理状态和职业发展产生了深远的影响。

举例而言，强调集体荣誉的文化在社会中占据主导地位。在这种文化氛围下，个体往往被期望为集体利益而努力奋斗，个人的成功和幸福被较为次要地看待。对于教师而言，这可能意味着他们承受着额外的心理压力，需要在工作中不仅关注个人表现，还要时刻考虑整个团队或学校的声誉。这样的文化背景可能导致教师在追求个人成就的同时，感受到来自集体期望的压力，从而影响其工作满意度和心理健康状态。

在强调个人自由和独立的文化中，教师可能更倾向于追求个人价值和幸福感。这种文化背景下，个体的成功和幸福被视为更为重要，而教师可能更注重个人发展和职业成就。然而，这也可能带来其他方面的压力，因为个体需要在竞争激烈的环境中自我突出，不断追求更高的个人目标，这或许会影响其对工作的满意度和心理平衡。

2. 社会期望与自我认同

文化背景不仅塑造了社会对教师的期望，而且深刻影响了教师在社会期望下形成的自我认同。这种自我认同不仅反映了个体对于自身角色和职责的理解，还直接影响着教师的心理健康状况。在特定文化环境中，社会期望对于教师所承担的职责和所应具备的能力提出了明确的要求，从而塑造了教师的自我认同。

社会期望往往涉及对教师在教育中所需扮演的角色、应具备的教育素养和职业能力等方面的期许。在一些文化中，教师可能被期望成为社会的道德引导者、学生的榜样，因而需要具备高尚的品质和道德观念。这样的社会期望可能使教师在自我认同中强调道德价值和社会责任感，但也可能在面临复杂伦理问题时带来沉重的压力，可能引发焦虑和自我怀疑的情绪。

此外，文化对于教育职业的社会地位和期望也会有所不同。这可以从两方面来讲，一是，在一些社会中，教师可能享有崇高的社会地位，被视为知识的传承者和社会建设的重要力量。这种情境下，教师可能更容易形成积极的自我认同，感受到社会的认可和尊重，从而有助于心理健康的维护。

二是，在一些文化中，教师可能面临着社会期望的负面压力，可能被视为工作强度大、回报低的职业。这种情境下，教师可能感受到社会的不公和压力，形成对自身价值的怀疑，可能出现自我怀疑和职业满意度降低的情况。

（二）学校文化与教师心理健康的互动

1. 组织文化对教师工作氛围的影响

学校作为一个组织，其文化对教师的心理健康产生着深刻和持久的影响。学校文化体现在学校的价值观、信仰体系、工作氛围等方面，这些元素直接塑造了教师在学校中的工作体验和心理状态。其中，学校文化对教师工作氛围的影响尤为显著。

在积极向上的学校文化中，鼓励团队协作、提倡积极乐观的态度，有助于教师建立积极的心态。这样的文化环境激发了教师的工作热情，提高了工作满意度。教师在这样的文化氛围中更容易找到工作的乐趣和意义，形成良好的职业体验。共享的价值观念和目标使得教师之间形成良好的合作关系，相互之间的支持和协作成为推动教育事业发展的动力。

相反，在消极压抑的学校文化中，可能存在对教育任务过度强调、管理方式僵化等问题，这会对教师产生负面影响。在这样的文化环境中，教师可能感受到巨大的工作压力，因为他们可能会感到自己的努力未能得到充分认可。学校领导的管理风格和对待教师的态度可能会导致教师对工作产生不满和抵触情绪，严重时甚至引发职业倦怠。

学校文化还通过兑奖奖励制度、晋升机制等方面的塑造，影响着教师的职业发展和自我认同。在一个重视教师专业发展和个人成就的文化中，教师更可能感受到学校对其职业生涯的积极支持，这有助于提高教师的工作积极性和投入度。

因此，学校文化对教师工作氛围的影响至关重要。学校管理者需要认识到学校文化对教师的深远影响，积极塑造鼓励团队合作、提倡积极向上的学校文化，以营造一个支持性、积极向上的工作环境。通过制定相关政策、培训领导团队、激发教师的工作热情，学校可以创造更有利于教师心理健康和工作满意度提升的文化氛围。

2. 领导风格与心理文化的关系

学校领导的风格在很大程度上塑造和传播学校的心理文化，直接影响到教师的工作体验和心理状态。领导风格的不同不仅反映了领导者对于组织运作的理解，也深刻影响着学校内部的文化氛围。理解领导风格与心理文化的关系对于建立更具有支持性的学校文化，提高教师的心理健康水平至关重要。

领导风格与心理文化之间存在着紧密联系，因为领导者的行为和决策方式直接塑造了学校的工作氛围。在具有民主型领导风格的学校中，领导者通常倾向于赋予教师更多的决策权和参与感。这种风格下，教师更能感受到被尊重和被重视，从而形成一种积极向上、团结协作的心理文化。相反，若领导采取强权型或过于集权的风格，可能导致教师感到压抑，形成一种消极的心理文化，加重工作压力和抵触情绪。

领导者的倾向和偏好也在很大程度上决定了学校对于教师的支持体系。在关怀型领导的学校中，领导者更注重教师的个体需求，关心其工作和生活平衡，从而培养了一种关怀和支持的心理文化。这种文化使得教师更容易应对工作压力，提高工作满意度。相反，若领导更强调绩效和结果，而对教师的个体需求关注较少，可能导致教师在压力面前感到压抑，形成一种较为消极的文化氛围。

此外，领导风格对于学校的沟通方式和信息传递也有着深刻的影响。在开放透明的领导风格下，领导者更愿意分享信息，与教师进行有效地沟通。这有助于形成一种开放包容的心理文化，使教师感到更受尊重和信任。相反，若领导者缺乏沟通和透明度，可能导致信息不畅通，增加教师的不确定感，对心理文化形成负面的影响。

（三）文化因素对心理健康的塑造机制

1. 文化认知与应对策略

教师在特定文化中形成的认知模式对其应对挑战的策略产生深远影响。文化背景塑造了个体对事物的理解、价值观念以及应对压力的心理机制。了解不同文化下教师的应对模式，对于心理健康干预提供了重要的参考，有助于制定个性化的支持策略，使教师更好地应对职业压力。

在一些文化中，强调集体荣誉和团队协作。教师可能更倾向于采用合作与沟通的策略来解决问题。这种文化认知下的教师更注重与同事之间的协同合作，倾向于分享资源、共同面对困难。在面对职业上的挑战时，他们可能更愿意寻求团队的支持，通过共同努力来克服困难。

相反，在强调个人独立和竞争的文化中，教师可能更倾向于采取独立自主、追求个人成功的策略。这种文化认知下的教师可能更注重个体的表现和成就，更倾向于独自面对职业上的挑战。他们可能更注重个人目标的达成，愿意通过个人努力来取得成功。

在一些文化中，人们可能更注重情感的表达与沟通。在这样的文化认知下，教师可能更倾向于通过与同事分享情感、寻求情感支持来缓解职业压力。而在一些文化中，可能更强调理性思考和解决问题的技能，教师可能更倾向于通过思考、分析问题来应对挑战。

2. 文化认同与自我调整

在多元文化的社会背景下，教师的文化认同对于其在跨文化工作环境中的自我调整具有重要的作用。文化认同是个体对于自己所属文化群体的认同感，包括文化价值观、信仰、传统等方面的身份认同。教师在不同文化间工作可能面临着文化认同的冲突与调整，因此理解自身的文化认同与工作环境的关系对于维护心理健康至关重要。

教师的文化认同影响其在工作环境中的适应性和自我调整能力。当教师的文化认同与工作环境相符时，其更容易适应工作环境，形成积极的职业体验。相反，若文化认同存在较大差异，教师可能面临文化冲突、认同困惑等问题，影响到其在工作中的表现和心理状态。因此，教师需要对自身文化认同有清晰地认识，以便更好地应对跨文化工作环境带来的挑战。

教师的文化认同也影响着其与同事、学生以及家长之间的互动与沟通。在多元文化的教育环境中，教师需要处理来自不同文化背景下的期望、价值观和沟通方式，而这涉及教师个体的文化认同。具有清晰的文化认同有助于教师更好地理解他人的观点，增进跨文化沟通的效果，提高工作的协同性和效率。

文化认同对于教师的心理健康具有直接影响。当教师能够积极接纳和理解自己的文化认同时，更容易形成稳定的心理状态，减少跨文化工作环境带来的焦虑和压力。相反，若教师对自身文化认同感到困扰或不安，可能会引发心理健康问题，影响到其工作效能和职业满意度。

二、心理文化的构建与维护

（一）心理文化的构建环节

1. 倡导积极心理文化

学校和教育机构应积极倡导和构建积极向上的心理文化，以促进教师在工作中建立积极的心态。这一目标的实现需要通过多方面的途径，包括宣传教育、培训和共识形成等方面的努力。

宣传教育是构建积极心理文化的关键步骤之一。学校和教育机构可以通过各种渠道，如会议、座谈、宣传栏等，向教师传递积极心理文化的理念和重要性。借助教育平台，可以分享一些正面的案例和成功的经验，强调积极心理文化对个体、团队以及整个教育机构的积极影响。通过这种宣传教育，教育机构能够对教师渗透积极心理文化的理念，引导教师共同努力构建积极向上的工作氛围。

培训教师的心理健康意识和积极应对策略是构建积极心理文化的重要手段。学校可以组织专业的心理健康培训，帮助教师更好地认识和理解心理健康的重要性。培训内容包括情绪管理、压力释放、团队协作等方面的知识和技能。通过这些培训，教育机构不仅能够提升教师的心理健康水平，也能够培养他们在面对职业挑战时更为积极的态度。

形成共识是构建积极心理文化的重要环节。学校领导者需要与教师们建立良好的沟通渠道，了解教师们的需求和期望，共同制定并推动积极心理文化的建设计划。共识的形成需要各方共同参与，教师团队的共同合作和支持至关重要。通过集体讨论、分享心得等方式，形成对积极心理文化的共同认同，建立起一个共同努力的工作氛围。

2. 建立心理支持体系

构建心理文化的重要一环是建立完善的心理支持体系，这包括心理健康教育和心理咨询服务等多方面的支持。通过提供这些支持，能够有效地帮助教师更好地理解自己的心理状态，及时发现和应对潜在的心理问题，从而维护和促进教师的心理健康。

心理健康教育是构建心理支持体系的基础。学校可以通过定期举办心理健康讲座、研讨会等形式，向教师普及心理健康知识和技能。这包括情绪管理、压力释放、工作生活平衡等方面的内容。通过心理健康教育，教育机构能够提升教师对心理健康的认知水平，使其更具备应对潜在心理问题的能力。

心理咨询服务是构建心理支持体系的关键组成部分。为教师提供专业的心理咨询服务，包括面对面咨询、电话咨询、在线咨询等多种形式。心理咨询服务不仅能够在教师面临困境时提供及时的帮助，还能够通过个性化的咨询方案，帮助教师更好地理解和处理个体心理问题。这种服务的设置可以让教师感受到关怀和支持，提高其对心理问题的认知和应对水平。

建立心理支持体系还需要关注团队建设。通过组织心理健康培训、心理健康团队建设活动，促进教师之间的互助和支持。共享心理健康资源，形成密切的师生关系，有助于教师更好地应对工作中的心理压力，形成互帮互助的团队氛围。

建立完善的心理支持体系是构建心理文化不可或缺的一环。通过心理健康教育、心理咨询服务和团队建设等多层次的支持，学校和教育机构能够更全面地关注教师的心理健康，帮助他们更好地理解和应对工作中的心理问题。

（二）心理文化的文化元素选择

1. 培养共享的价值观

通过培养共享的价值观，学校可以建立一种积极向上的心理文化，着重强调团队协作、互助关系等价值观，从而促进教师之间的支持与信任。这一举措有助于创造更加融洽的工作氛围，提升教师的整体心理健康水平。

强调团队协作是培养共享价值观的关键。学校可以通过组织团队建设活动、合作项目等方式，鼓励教师在工作中形成紧密的协作关系。共同完成任务、分享资源和经验，有助于教师形成共享的工作理念，促进团队的凝聚力和协同效能。这种共享的团队协作有助于减轻个体的工作压力，提高其工作效率，形成积极的工作氛围。

培养互助关系也是构建共享价值观的重要方面。学校可以鼓励教师在工作中相互支持、分享经验、共同解决困难。通过建立同事之间的互助文化，可以形成一个有温暖和关怀的工作环境。教师在面对挑战时，能够得到及时地帮助和鼓励，有助于减轻心理压力，促进个体心理健康的提升。

共享的价值观还需要强调资源共享和知识共建。学校可以建立这方面的平台，鼓励教师分享教学资源、教学经验等。这有助于提高整个学校的教学水平，促进教学理念的共鸣。通过共享知识，教师能够更好地学习和成长，形成积极的学习文化氛围。

2.强化个体发展的文化元素

在构建心理文化的过程中，除了关注集体层面，还应强调个体发展的文化元素。强化个体发展的文化元素包括制定个人成长计划、提供职业发展支持等，这有助于提高教师的个体心理素质，推动他们更全面地发展和成长。

制定个人成长计划是强化个体发展文化元素的重要手段之一。学校可以鼓励教师制定个人发展目标，明确职业发展方向，制定可行的发展计划。这种个体制订的计划能够让教师更好地了解自己的职业发展需求，有助于提高个体的工作动力和满意度。

提供职业发展支持是构建强化个体发展文化元素的关键环节。学校可以设立专业的职业发展指导服务，为教师提供职业规划、培训机会等支持。通过提供这些支持，能够帮助教师更好地发展职业技能，提升个体的职业素养，从而提高心理素质。

学校还可以建立个体导向的绩效评估机制。通过量化和评估个体的工作表现，不仅能够激发教师的积极性，也有助于个体的成长。通过正向激励和认可，能够增强教师对自身价值的认同感，提升其心理健康水平。

（三）心理文化的维护机制

1.建立心理健康档案

通过建立心理健康档案，学校得以更全面、深入地了解教师的心理健康状况，为其提供更有针对性地支持和帮助。这一心理健康档案的建立需在尊重个体隐私的基础上，制定健全的隐私保护机制，确保涉及教师个人信息的收集和存储过程安全可靠。

心理健康档案的建立为学校提供了一个有力的工具，以更深入地了解教师的心理状态、压力源以及个人需求。通过系统记录教师的心理健康信息，学校能够及时发现并理解教师潜在的心理健康问题，为教师提供更为精准的心理辅导和支持服务。这种个性化的关怀不仅有助于提升教师的工作效能，还能够改善整体教育环境。

然而，建立心理健康档案必须坚持隐私保护的原则。学校在执行这一过程中，应确保所采集的教师信息经过严格的保密措施,只有授权人员才能访问和使用这些信息。这既包括数据的存储和传输过程中的加密手段,也包括建立相应的权限管理体系,以确保档案信息的安全性。

此外,学校还需制定明确的使用规范和政策,明确教师个人信息的收集目的,保证信息的合法、合理使用。透明的信息管理政策将有助于建立教师对心理健康档案的信任,促使他们更愿意与学校合作,分享关于自身心理状态的信息。

通过建立心理健康档案,学校就可以更好地关注和支持教师的心理健康,创造更为人性化的工作环境,从而提升教育团队整体的工作满意度和工作效能。这一举措不仅有助于个体教师的发展,也将为学校整体的心理健康支持体系构建提供有益经验。

2.定期心理健康评估

定期进行心理健康评估是维护教师心理健康的一项重要措施。通过这一过程,学校可以有效监测教师的心理状态变化,及时发现潜在问题并采取有针对性地支持措施,以确保教育团队整体的心理健康水平。

心理健康评估可以采用多种方式,包括心理测量工具和面谈等方法。使用心理测量工具能够客观、量化地评估教师的心理健康状况,通过分析测量结果,学校能够更准确地了解教师在焦虑、压力、情绪等方面的状态,为提供精准的心理健康支持提供方向。同时,面谈作为一种更贴近个体、深度了解的方式,能够在更广泛的范围内捕捉到教师的个体差异和需求,为其制订有针对性的支持计划提供更为详实的信息。

定期进行心理健康评估有助于建立一个持续关注和支持教师心理健康的机制。这样的机制能够在教师心理问题尚未严重化之前,及时发现教师的心理状态变化,从而采取早期干预和提供支持。此外,定期评估也有助于形成长期的心理健康数据积累,为学校制定更加科学合理的心理健康支持策略提供依据。

然而,在进行心理健康评估时,需要充分尊重教师的个人隐私,确保评估过程的保密性。建立一个开放、信任的沟通氛围,鼓励教师参与评估并分享真实感受,是保证评估有效性的关键。

通过定期心理健康评估,学校能够更全面地关注和支持教师的心理健康,创造更为健康、积极的工作氛围,有助于提高教育团队整体的工作效能和生活质量。

第三节　构建支持教师心理健康的文化环境

一、环境建设策略

(一)宜人的工作环境

1.人性化设计办公空间

人性化设计办公空间对于教师的工作效能和身心健康至关重要。首先,在办公室座椅的设计上,需要考虑到人体工学原理,选择符合教师身体曲线的椅子,以提供良好的支撑和舒适感。调整座椅高度、角度等参数,确保教师在长时间坐姿中不易感到疲劳和不适。此外,座椅的材质也应考虑通风透气,以防止因长时间坐着而引发的不适感。

充足的自然光是人性化设计办公空间的关键要素之一。充足的自然光能够提高环境的明亮度,有助于调节教师的生物钟,改善工作状态和精神状态。设计师可以通过合理安装窗户、采用透光材料、调整窗帘等方式,最大限度地引入自然光,为教师提供一个明亮宜人的工作环境。

空气流通是人性化设计办公空间的另一考虑因素。优良的室内空气质量能够减轻教师的疲劳感,提高其工作效能。通过合理设置通风设施、定期进行室内空气检测和清理,确保办公室空气的新鲜度,有助于创造一个舒适、健康的工作环境。

在人性化设计办公空间中,还可以考虑增加办公室的绿化和装饰,以提升空间的美感和愉悦感。绿植不仅可以改善室内空气质量,还能为办公室注入一份自然的活力。同时,合理的装饰布局、温馨的色彩搭配也有助于营造轻松愉快的工作氛围。

2. 提供良好的社交区域

提供良好的社交区域对于教师的心理健康和工作效能至关重要。休息室或共享空间应当设计得宽敞明亮,配备舒适的座椅和休息设施,为教师提供一个轻松愉快的氛围。这不仅有助于缓解工作压力,还为教师提供了交流和社交的场所,促进了同事之间的良好关系。

社交支持在教育工作中发挥着重要作用。通过社交区域的设置,可以为教师提供一个共享经验、交流教学心得的平台。同事之间的互动和合作有助于增进团队凝聚力,促使教师之间形成更加紧密的工作关系。这种社交支持在应对教育工作中的挑战、分享解决问题的经验等方面都具有积极作用。

社交区域的存在可以减轻教师的心理负担。教育工作往往随着高强度的工作压力和复杂的情感体验,而社交区域提供了一个释放情绪、获得情感支持的空间。同事之间的互动和交流有助于排解教师的紧张情绪,培养积极向上的心态,从而更好地面对工作中的各种挑战。

社交区域的设置也可以促进教师的个人发展和职业成长。在这样的社交环境中,教师有机会倾听和学习来自不同经验和背景的同事的见解,获取多元化的教育观点。这有助于拓宽教师的视野,提高其专业水平,从而更好地适应和应对教育领域的发展和变化。

(二)合理的工作时间安排

1. 倡导弹性工作制度

倡导弹性工作制度是一项有益于提升教师生活质量和工作效能的重要措施。弹性工作制度的引入旨在通过更加灵活的工作时间安排,使教师能够更好地平衡工作和生活,从而缓解工作压力,提高整体工作效率。

弹性工作制度的核心在于为教师提供更多选择工作时间的自主权,允许他们更灵活地安排工作日程。这包括弹性的上下班时间、远程办公的选择以及灵活的工作岗位安排。通过这些灵活性的工作安排，教师可以更好地适应个人生活的需求，从而减轻因工作带来的生活压力。

弹性工作制度的实施有助于缓解教育工作者的工作压力。教师作为教育体系中的关键力量，经常面临繁重的教学任务、学科研究和学生管理等多重工作压力。弹性工作制度使得教师能够更灵活地规划自己的工作，更好地分配和调整工作时间，有助于提升工作的灵活性。

此外，弹性工作制度还能够促进教师的工作效率。由于教育工作的特殊性，往往需要教师在非工作时间进行备课、评估和教学研究等活动。通过允许教师在适宜的时间和地点进行工作，能够更好地发挥个体的工作效能，提高教育工作的整体质量。

值得注意的是，弹性工作制度的实施需要合理的管理和监督机制，以确保工作的顺利进行和工作效能的提升。此外，教育机构还需要制定明确的政策，保障教师的权益，防范潜在的滥用风险。

2. 规范加班制度

规范加班制度是确保教师工作质量和生活平衡的关键举措。通过明确加班规定，避免长时间加班成为常态，可以有效减轻教师的工作负担，提升其工作满意度。

在教育领域，教师通常承担着多重任务，包括教学准备、学科研究、学生管理等，这使得他们容易陷入工作紧张的状态。规范加班制度的首要任务是确立明确的工作时间框架，明晰教师的工作责任和工作时长。这样的规定有助于避免过度地加班，防止工作时间的无限延长，从而有效缓解教师的工作紧张感。

合理的工作时间安排能够为教师提供更为稳定和可控的工作环境。通过设定合理的工作时长和休息时间，教育机构可以避免长时间加班对教师身心健康的不良影响。合理的工作时间安排还能够提高教师的工作效率，使其在工作时间内更为专注和高效地完成任务。

此外，规范加班制度还涉及对教育机构内部文化的调整。通过向教师传递尊守工作时间的信号，可以增强教师的职业认同感和工作满意度。规范加班制度的实施需要倡导一种以质量为导向的工作态度，鼓励教师在正常工作时间内高效地完成任务，避免加班成为常规手段。

（三）加强职业发展支持

1. 提供专业发展机会

为促进教师的专业发展和维护其心理健康，学校应该积极提供多样化的专业发展机会。这包括但不限于丰富的培训课程和广泛的学术交流机会，旨在帮助教师不断地提升自身的专业素养。

学校可以组织系统性地培训课程，覆盖从教育理论到教学技能等多个方面。这些培训课程不仅应该关注教学方法的创新，还应该关注学科知识的更新和应对不同教育挑战的应变能力。通过提供这样的培训，学校有助于教师更好地适应教育领域的变化，从而增强其专业认同感和工作满意度。

学校还应该鼓励和支持教师参与学术交流活动。这包括参与学术会议、研讨会、论坛等。通过与同行的交流和学术合作，教师不仅能够获取新知识，还能够拓宽视野，激发教学创新的灵感。这对于提高教师的专业水平和创造力具有重要作用。

学校还可以建立导师制度，为新教师提供更个性化的专业指导和支持。导师制度可以帮助新教师更好地适应学校文化和工作环境，促进他们在职业生涯中的平稳过渡。

专业发展机会的提供不仅有助于教师的专业成长，也能够在一定程度上缓解工作压力，增强心理健康。通过建立积极向上的专业氛围，学校可以培养更具活力和创造力的教育团队，从而推动整个教育机构的发展。因此，为教师提供专业发展机会是构建健康的教师文化和促进学校整体发展的重要策略。

2. 建立导师制度

建立导师制度是一项关键的举措，旨在为新教师提供有针对性地指导和全面的支持，从而帮助他们更快地适应工作环境，减轻心理压力。这一制度对于促进教师的专业成长和构建健康的教师文化都具有积极的作用。

建立导师制度的核心是为新进教师配备经验丰富的导师，他们不仅在专业知识上有深厚的造诣，更具有丰富的教育经验和人际交往技能。导师可以向新教师提供关于教学方法、学科知识、学校文化等方面的指导，帮助他们更好地融入教育团队。

建立导师制度有助于构建良好的师德风范和职业道德。通过导师的榜样作用，新教师可以更清晰地认识到教育工作中的职业责任和道德规范，形成积极向上的教育态度。这有助于培养新教师的专业认同感，提升他们的工作满意度。

建立导师制度还可以促进教育团队的协同合作。通过导师与新教师的密切配合，可以形成更加融洽的团队氛围。导师不仅可以向新教师传授经验，也能够倾听他们的意见和建议，促进团队内部的信息流通和协同工作。

建立导师制度需要建立有效的沟通机制，确保导师和新教师之间的信息传递顺畅。定期的导师指导会议、反馈机制等都是维持导师制度运行的重要环节。通过这些机制，可以及时了解新教师在工作中遇到的问题，提供及时的支持和帮助。

二、心理健康支持体系构建

（一）心理健康培训

1. 提供心理健康教育课程

学校定期组织心理健康教育课程是维护教师心理健康的一项重要措施。这些课程应该涵盖广泛的主题，包括但不限于心理健康知识、压力管理、情绪调节、工作与生活平衡等方面。通过系统性的培训，教师能够更全面地了解有关心理健康的信息，提高对自身心理健康的认知水平。

心理健康教育课程应该注重实际操作与应用。除理论知识的传授外，培训内容还应包括实用的心理技能和工具，帮助教师更好地应对工作和生活中的压力。这可能包括冥想与放松技巧、情绪管理策略、积极心态的培养等方面的具体方法。通过实际操作，教师能够更好地将所学应用于实际生活中，提高应对挑战的能力。

心理健康教育课程应该强调团队协作和互动。通过组织小组讨论、情景模拟等形式，教师可以在课程中分享彼此的心理健康经验、交流问题与解决方案。这有助于建立支持性的同事关系，形成良好的心理支持网络。促进团队之间的共享和合作，使得心理健康教育课程的效果更为显著。

学校在组织心理健康教育课程时应该充分考虑教师的个体差异。不同教师在心理健康方面的需求和问题各异，因此课程内容应具有一定的灵活性，以适应不同教师的需求。这可以通过设立不同层次的课程、提供个性化的咨询服务等方式来实现。

通过这些方式，学校可以通过对心理健康教育课程的有机结合，为教师提供全方位的心理健康支持。这有助于增强教师的心理健康素养，提升他们应对工作压力的能力，从而构建更为健康和积极的教师文化。这不仅有助于提高教育团队整体的工作效能，也有益于教师个体的专业发展和生活品质。

2.组织心理健康讲座

组织心理健康讲座是提升教师心理健康水平的有效途径。通过邀请具有心理学或医学专业背景的专家，学校可以为教师提供系统、科学的心理健康知识。专业人士可以深入浅出地介绍与心理健康相关的理论、技巧和方法，使教师更全面地了解自身心理健康的重要性。

心理健康讲座的内容应当涵盖广泛的主题，包括但不限于压力管理、情绪调节、人际关系、工作与生活平衡等方面。专业人士可以根据教师的实际需求，设计有针对性的讲座内容，帮助他们更好地理解和应对工作和生活中的心理压力。这种个性化的服务能够更好地满足教师的需求，提高讲座的实效性。

心理健康讲座应当采用多样的形式，包括演讲、案例分析、小组讨论等。这有助于激发教师的兴趣，提高他们对心理健康话题的关注度。通过互动性强的形式，教师可以更直接地参与讲座，分享个人体验，从而加深对知识的理解和应用。

组织心理健康讲座需要建立持续的机制。不仅要定期邀请专业人士举办讲座，还应该建立反馈机制，收集教师的意见和建议，根据实际情况进行调整和改进。同时，学校可以考虑建立一个心理健康讲座的资源库，供教师随时查阅和学习，以实现知识的长期积累。

（二）心理咨询服务

1.设立专业心理咨询室

设立专业心理咨询室是学校关心教师心理健康的具体体现。这一举措为教师提供了一个专业的、隐私保护的咨询空间，使他们能够在舒适的环境中接受心理专业人士的帮助。心理咨询室的设立不仅体现了学校对于教师全面发展的关注，也为构建积极的教师文化提供了实质性支持。

专业心理咨询室的服务内容应该涵盖多方面的需求，包括工作压力、人际关系、情绪管理等方面。心理专业人士可以通过面对面地咨询、心理测试等方式，深入了解教师的实际情况，提供个性化的心理支持。这有助于更准确地解决教师在工作和生活中遇到的心理问题，提高心理咨询的实效性。

心理咨询室的设立需要建立健全的机制，包括预约制度、咨询记录的保密性等。预约制度能够合理安排咨询师和教师的时间，确保服务的高效性。同时，咨询记录的保密性是维护教师隐私权的重要保障，有助于建立教师对咨询室的信任感，使其更愿意主动寻求帮助。

心理咨询室的设立还需要与其他心理健康服务相互配合，形成一个完整的支持体系。学校可以通过与专业医疗机构或心理健康组织合作，引入更多的资源和专业人才，提升心理咨询服务的水平。同时，可以将心理咨询室与学校其他相关部门联动，形成全员参与的心理健康支持网络，以更好地服务教师的心理健康需求。

2.建立心理健康热线服务

设立24小时心理健康热线是学校关心教师心理健康的积极措施。这一热线服务的设立使得教师可以在任何时间获得心理健康方面的支持和咨询。这对于那些可能因工作或生活压力而在非工作时间面临心理困扰的教师尤为重要，为其提供了一种随时随地获取帮助的途径。

心理健康热线的服务内容应该全面覆盖各类心理健康问题，包括工作压力、情绪管理、人际关系等方面。通过专业心理专家提供的远程心理咨询，可以及时解答教师的疑虑，提供科学合理的建议，并在必要时引导他们寻求更进一步的心理健康支持。这种服务的全面性有助于满足不同教师在心理健康方面的个性化需求。

心理健康热线服务需要确保教师信息的保密性和安全性。学校应该建立健全的隐私保护机制，确保教师在咨询过程中的个人信息不被泄露。这不仅是维护教师权益的基本原则，也是建立心理健康信任关系的必要条件。

学校还可以通过定期宣传和培训，提高教师对心理健康热线服务的认知度。这可以通过学校内部渠道、在线平台等方式进行，使教师了解到这一服务的存在和操作方式。培训也可以帮助教师更好地利用心理健康热线，提升其对心理健康问题的自我认知和处理能力。

（三）同行支持

1.建立同行支持小组

同行支持小组的建立是一项促进教师心理健康的重要措施。同行支持小组的建立可以为教师提供一个开放、互动的平台，使他们能够自由分享工作和生活中的经验、感受和困扰。通过共同面对工作挑战和压力，教师们能够更好地理解彼此的处境，形成共鸣，从而减轻个体的心理负担。

同行支持小组的建立有助于建立紧密的同事关系，促进团队协作。教育领域的工作通常需要团队的协同合作,而通过小组互动,教师们可以更好地理解团队成员的优势和特长,形成互补之势。这有助于提高整个团队的绩效,同时也为每个教师创造了一个更加融洽的工作环境。

同行支持小组的建立在心理健康方面具有互助和支持的作用。在小组中,教师们可以得到同事的理解和鼓励,有机会分享解决问题的方法和策略。这种互助模式有助于提高教师的心理韧性,使其更好地应对各种挑战和困境。

同行支持小组的建立需要学校提供适当的支持和资源。这包括组建小组的培训、定期的组内活动和交流机会等。学校还可以设立专门的同行支持领导岗位,负责引导小组的运作,促进良好的沟通和合作。

2. 开展团队活动

团队活动的开展对于促进同事之间的交流、建立合作关系以及增强团队凝聚力具有重要作用。通过开展定期的团队活动,教师们有机会在非工作场景中进行交流,加深了解彼此的兴趣、特长和个性。这种非正式的交往有助于建立更为紧密的同事关系,打破了工作中的隔阂,为更好地合作奠定了基础。

开展团队活动有助于形成共同的团队文化,提升整个团队的凝聚力。通过共同参与活动,团队成员能够共享成功和挫折,建立起共同的经验和回忆。这些共同体验有助于形成共同的价值观和信念,增强团队的认同感和归属感。

开展团队活动为教师提供了锻炼合作能力和解决问题能力的机会。在活动中,教师们需要协同合作、共同制定计划,并解决可能出现的问题。这样的团队协作训练不仅有助于提高团队整体绩效,也能够转化为工作中更为高效的合作方式。

通过开展团队活动,教师们能够建立对团队目标的信心。共同经历的困难和挑战有助于锤炼团队的意志和韧性,形成共同应对工作挑战的信心。这种信心可以在工作中转化为对团队协作和任务完成的积极态度。

因此,学校定期开展团队活动是促进团队协作、提高教师团队整体素质的重要手段。通过增进交流、加强团队凝聚力、培养合作精神,学校能够建设更为和谐、积极向上的工作氛围,进一步提升教学质量和学校的整体声誉。

第八章　新时代教师文化生态的未来发展

第一节　当前教师文化生态面临的挑战与问题

在新时代，教师文化生态面临着诸多挑战，其中一个是教育体系的转型带来的理念冲突。教师的专业发展需要与社会的多元化需求相契合，而这在当前时代背景下面临一定的理念不协调。此外，教育科技的迅速发展也对传统的教师文化提出了考验，教师需要更好地适应数字化、信息化的教学手段，这对教育体系和教师个体都提出了更高的要求。

一、理念冲突问题

（一）传统教育理念与社会多元需求的冲突

传统教育理念通常强调知识传授、基本技能培养，注重学生对经典文化的传承和掌握。这一理念认为，学生通过扎实的基础知识和技能培养，能够更好地适应社会。

1. 现代社会多元需求的体现

现代社会呈现出丰富多彩的需求，不再仅仅局限于传统的知识与技能，而是更加注重学生综合素养的培养。这一多元化的社会需求在各个方面都有所体现。如今社会对学生的创新能力提出了更高的期望。传统的教育强调知识的灌输和应用，而现代社会更加重视学生的创造性思维和创新能力的培养。学生需要具备面对未知问题时进行独立思考和创新解决的能力，以适应社会日新月异的发展态势。

批判性思维成为现代社会对学生的又一项重要需求。社会对学生提出的期望不再仅仅是被动接受信息，而更注重他们对信息的分析、评估和批判能力。学生需要具备质疑思维，能够理性思考问题，形成独立见解的能力。这种批判性思维不仅有助于个体的自我提升，也能够为社会的进步注入更多的创新力量。

团队协作能力也在现代社会的需求中占据重要地位。传统的教育注重个体的竞争和独立能力培养，而现代社会更加强调团队合作的重要性。学生需要具备有效的沟通、协调和合作能力，以适应工作和生活中的团队环境。团队协作的培养不仅有助于提高工作效率，也有助于培养学生的集体荣誉感和责任心。

2. 冲突的产生与困境

在当代社会的演进中，传统教育理念与现代社会多元需求之间的冲突逐渐显现。这一冲突的根源在于传统教育强调知识传授、基本技能培养，注重学生对既定规范的顺从和接受。然而，现代社会对学生的期望已经超越了传统教育所强调的范围。现代社会更加注重培养学生的创新能力、批判性思维和团队协作能力,这与传统教育理念形成了明显的对比。

这种冲突给教师带来了巨大的困境。主要体现在两个方面:一方面,教师作为传统文化的传承者,需要坚守传统教育的价值观和方法,保持学科知识的传递和传统文化的传承;另一方面,教师又面临着满足学生全面发展需求的压力,需要调整教学方法,注重培养学生的创新和批判性思维。

这一冲突使得教育实践变得异常复杂。教师在教学中常常陷入两难境地,难以在传统教育理念和现代教育理念之间找到平衡点。他们可能感到自己的教学方法已经过时,却又面临新方法的学习曲线,导致教学质量受到一定影响。在专业发展中,教师可能经历一段时间的迷茫,因为传统教育理念与现代教育理念之间的矛盾让他们无法找到确切的方向。

(二)专业发展中的迷茫感

1. 教育理念变革的挑战

在社会的变革浪潮中,教育理念的改革成为教师面临的一项重要挑战。这种变革不仅要求教师不断调整教学方法和课程设置,以更好地迎合学生的成长需求,同时也需要教师进行认知模式的全面改变。

教育理念的变革要求教师调整教学内容,使之更符合当代社会的发展趋势。新的教育理念强调培养学生的创新能力、批判性思维和团队协作能力,与传统的知识灌输有了明显的不同。教师需要及时了解社会的需求,更新自己的教学内容,注重培养学生的实际应用能力,使他们更好地适应未来社会的发展。

教育理念的变革也涉及教师的教学方法和策略的调整。传统的教学方法可能无法满足当代学生的学习需求,因此教师需要不断尝试新的教学模式,引入互动性强、实践性强的教学手段,激发学生的学习兴趣,提高教学效果。这对教师的专业素养提出了更高的要求,需要他们不断学习和创新。

教育理念的变革还涉及教育体系的整体调整。学校和教育机构需要重新评估课程设置,优化教育资源分配,为教师提供更好的培训和支持,以促进新理念的贯彻落实。这也意味着管理者和政策制定者需要更具前瞻性和战略性,为教育体系的发展提供有效的战略支持。

教育理念的变革要求教师进行认知模式的全面改变。教师需要放弃传统的"一言堂"式教学,转向更注重学生参与、探究和合作的教学方式。这对于一些习惯于传统教学的教师来说是一项巨大的挑战,需要他们不断调整自己的教育观念和教学方法,接受更加开放、灵活的教学理念。

2. 传统经验的应用受阻

在教育理念的变革过程中,传统的教育经验和方法面临着应用受阻的挑战。教育体系的变革使得过去的教学经验可能无法直接适应新的需求和趋势。这使得教师在专业发展中陷入迷茫,需要进行深刻的反思和调整,以适应不断变化的教育环境和学生的需求。

过去的传统教育经验在新的教育理念下可能显得过于僵化和固守。传统的教学方法强调知识的灌输和单向的传授,而现代教育更注重学生的参与、互动和创造性思维。这种理念的变革使得过去的经验难以直接应用,教师需要摆脱固有的教学框架,迎接更为开放和灵活的教育方式。

随着科技的发展和社会的进步,传统的教育经验在数字化和信息化的大潮下面临着应用受限的问题。过去的纸质教材和传统教学手段可能无法满足当代学生对数字化学习环境的需求。教师需要不断学习新的教育技术,适应在线教育、虚拟实境等新兴教学方式,以更好地增强学生的学习体验和提高教学效果。

传统的教育经验往往偏重于知识传授,而忽视了学生综合素养的培养。当代社会对学生的要求更加强调创新能力、批判性思维和团队协作等多元化能力的培养。传统经验在这方面存在欠缺,需要教师在专业发展中进行深刻地反思,调整教学目标和方法,以更好地满足学生的全面成长需求。

3. 专业素养的提升需求

为了应对教育体系变革中的困境,教师亟需不断地提升自身的专业素养。这一提升的需求涵盖了多个方面,其中包括积极参与专业培训、深入研究新的教育理念和方法,以及与同行进行交流合作等多方面的努力。专业素养的提升被视为教师在应对专业发展中迷茫感的重要途径,具有深远的意义。

参与专业培训是教师提升专业素养的重要途径之一。由于教育领域的不断发展和变革,新的教学理念和方法层出不穷。通过参与专业培训,教师能够及时了解到教育领域的最新动态,获取新知识和技能,为适应变化提供必要的支持。这种培训不仅可以帮助教师更新教育观念,还能提高其在教学实践中的应变能力。

深入研究新的教育理念和方法对于提升专业素养至关重要。教育领域的理论不断发展,有些理念可能涉及跨学科的知识,需要教师具备更广泛的学科背景。通过深入地研究新理念,教师能够更好地理解教育的本质和目标,为教学实践提供更为深刻的理论支持。

与同行之间进行交流合作也是提升专业素养的重要途径之一。在教育领域,教师往往能够从同行的经验中学到许多实用的教学方法和策略。通过开展定期的研讨会、专题讲座以及教学团队的建设,教师能够分享自己的教学经验,从而促进共同的专业成长。这种协同学习的模式有助于打破教学孤岛,形成更加丰富和多元的教育资源。

二、科技发展问题

(一)教育科技带来的新教学方式

1. 教育科技的迅猛发展

教育科技的迅猛发展为教学注入了崭新的动力。随着在线教育、虚拟实境教学等新兴方式的迅猛涌现,教育领域正在经历一场深刻的变革。这种变革不仅是技术工具的引入,更是对传统教学范式的重新构想,为学习过程注入更大的灵活性和生动性。

新兴教育方式的出现拓展了学习空间。传统的面对面授课受时间和地点限制,而在线教育使得学习不再受制于教室的四壁。学生可以随时随地通过网络接触学习资源，实现异地学习。这种灵活性使得教育不再受地理位置的限制，为更多学生提供了平等的学习机会。

虚拟实境教学等方式的引入激发了学生的学习兴趣。通过虚拟实境技术，学生可以身临其境地参与到虚拟场景中，加深对知识的理解。这种沉浸式的学习体验不仅提高了学生的学科兴趣，还激发了他们的创造力和探究欲望。教育科技的运用使得学习变得更加生动有趣，打破了传统教学的枯燥局限。

教育科技的发展还通过提供丰富多样的教学资源，进一步提高了教学的效果。学生可以充分利用多媒体资源，通过网络获取来自世界各地的名师名课。这为教育提供了更广泛的视野，拓展了学科知识的广度和深度。教师可以更灵活地运用这些资源，为学生创造更富有创意和多元化的学习环境。

2. 数字化和信息化应用的学习曲线

然而，尽管新教学方式的推广为教育带来了创新，教师在面对数字化和信息化应用时却面临着一定的学习曲线。这一挑战主要表现在许多教师对新技术的操作和整合感到陌生，从而导致应对困难。这种学习曲线的存在可能对教师在教学中充分发挥科技优势、有效利用新教学方式产生一定的制约。

教师普遍面临的问题之一是对数字化工具的陌生感。在过去，传统的教学方法主要依赖于纸质教材和传统教学手段，而数字化和信息化的工具和平台则要求教师熟练掌握电子设备、在线平台以及相应的教学软件。对于一些缺乏相关经验的教师而言，学习如何有效地操作这些新工具可能是一项具有挑战性的任务。

此外，教师在整合新技术到课堂教学中可能面临的另一个挑战是教学内容的数字化和个性化。新的教学方式强调个性化学习和互动性，要求教师灵活运用各类数字工具，创造多样化的教学场景。然而，这对于一些在传统教学方式下培养起来的教师来说，可能需要一定的时间来适应和转变。

在克服这一学习曲线的过程中，教师需要积极参与相关的培训和专业发展，不断提升其数字化素养和信息化能力。学校和教育机构也有责任提供更多的支持，建立完善的培训体系，帮助教师更好地适应新的教学环境。通过共同的努力，教育体系将能够更好地应对数字化和信息化带来的变革，确保教育取得更加积极的成果。

3. 教师对新教学方式的认知与接受度

除了学习曲线的问题，新教学方式在应用中还面临着教师的认知与接受度的挑战。这一挑战主要表现在一些教育者可能持保守态度，对于新兴科技教学方式的效果产生疑虑，这可能对新方式在教育中的推广和应用产生负面影响。

教师的认知与接受度直接关系到新教学方式能否在教育实践中取得成功。一些教育者可能对采用新技术和新教学模式的效果持怀疑态度，认为传统教学方式更为可靠，或者担心新方式无法完全替代传统方式。这种思维模式可能源于对新技术的不熟悉或者对变革的担忧，形成一种固有的认知局限。

教师对新教学方式认知的差异也可能影响其对新方式的接受度。有些教育者可能对科技教育保持开放心态，积极主动地学习和尝试新的教学方式；而另一些可能更为保守，对变革抱有怀疑态度。这种认知差异可能影响整体教育团队对新方式的统一推广。

（二）培训不足的问题

1. 教育机构培训体系的不完善

培训在教育科技的发展中具有至关重要的作用，然而，当前许多教育机构存在着培训体系不完善的问题。这一问题主要表现在缺乏系统性的科技培训，使得一些教师在面对新技术时无法迅速适应，进而影响他们的教学效果。

教育机构的培训体系往往缺乏系统性和全面性。科技发展日新月异，新的教育技术和工具层出不穷，但是许多教育机构的培训往往滞后于科技的更新速度。教育机构在建设培训体系时，可能更侧重于传统教育理念和方法的传承，而对于新兴科技的培训投入相对较少，导致教师在数字化和信息化方面的知识储备不足，难以应对教学中的新挑战。

缺乏及时性的培训也是问题的一大症结。由于科技的迅猛发展，教育机构的培训体系需要具备快速响应的能力。然而，一些培训体系的建设可能较为官僚主义，流程烦琐，导致培训信息传递速度较慢，教师无法及时获取到最新的科技知识。这使得一些教育者在实际教学中难以灵活运用新技术，限制了他们在教学中发挥科技优势的能力。

2. 及时性培训的重要性

在当前科技发展迅猛的背景下，教育机构提供的培训体系的及时性显得尤为重要。科技的高速发展使得教师需要不断更新自己的知识体系，及时了解新技术的应用，以更好地适应和应对教学中的新挑战。然而，一些教育机构提供的培训未能跟上科技的发展步伐，导致教师在教学实践中未能充分发挥科技的优势。

科技的更新速度较快，新技术层出不穷，而一些传统的培训体系可能较为官僚化，流程相对烦琐，使得培训的反应速度相对较慢。由于教育机构未能及时获取最新的科技信息和教学实践案例，教师在培训后的应用时可能会感到滞后，无法灵活运用新技术解决实际问题。

科技应用的实践性要求较高，需要教师在教学过程中能够迅速、灵活地应用新技术。然而，一些培训体系可能更加注重理论知识的传授，而在实践操作方面投入较少。这使得教师在真实的教学环境中可能面临一些技术应用上的困惑，无法迅速将培训所学知识转化为实际的教学策略。

3. 培训的多样化和个性化

解决培训不足的问题，培训体系需要更加多样化和个性化。不同层次、不同专业的教师可能有不同的学习需求，培训应当根据个体差异提供更加有针对性的内容，以确保每位教师都能够有效掌握新的科技知识。这样的个性化培训模式有助于满足教师在专业发展中的个体差异，提高培训的实效性和适用性。

不同学科和专业领域的教师可能在科技应用方面有着不同的需求和关注点。例如，理科教师可能更关注实验室设备的数字化应用，而文科教师可能更注重在线教学资源的创新。因此，培训体系应该充分考虑不同学科的特点，为不同领域的教师提供专业化的科技培训，以满足其具体的教学需求。

不同层次的教师在科技应用方面可能具有不同的熟练程度和需求水平。初入行的教师可能需要更基础的科技培训，包括如何使用教学软件、设计电子教案等方面的基本技能。而经验丰富的教师可能更需要深层次的培训，如涉及如何引导学生进行在线协作、利用大数据进行个性化教学等更为高级的内容。

培训体系还需要考虑到不同教育阶段的教师的需求。小学、初中和高中的教师在科技应用上可能有不同的侧重点，因此，培训内容应当根据阶段差异进行调整。而且，不同地区的教育资源和发展水平也存在差异，培训体系需要根据地方特色，提供更加贴近实际的培训内容。

三、社会认知问题

（一）教师社会地位的不稳定性

1. 教育对社会的重要性

教育作为社会发展的基石，其对社会的重要性不可忽视。教育系统承担着培养和教育下一代的任务，为社会提供了知识、技能和价值观念的传承，是塑造国家未来的关键力量。在这个过程中，教师作为教育事业的中坚力量，承担着培养未来社会栋梁的责任，发挥着至关重要的作用。

然而，尽管教育在理论上得到了高度重视，教师的社会地位却并未完全得到社会的充分肯定。教育体系中的教师面临多方面的挑战，这直接影响了他们在社会中的地位。首先，教师的社会认知度相对较低，一些人可能认为教师的工作相对轻松，缺乏对教育事业的深刻理解。其次，教师在社会获得的经济回报相对有限，这使得一些人对从事教育工作的积极性受到影响。最后，教育体制中的一些问题，如学科设置、考试制度等，也对教师的工作产生了一定的负面影响。

这些问题反映了教师社会地位的一些现实挑战。虽然教育被认为是塑造社会未来的重要因素，但在实际执行中，教师仍然面临来自社会认知、经济待遇以及体制问题等多方面的困扰。解决这些问题，提高教师的社会地位，需要全社会的共同努力，包括改善教育体制、提高教育资源投入、加强教育宣传等多个方面的综合举措。

2. 特殊环境下的负面评价

在某些特殊环境下，教师可能遭受负面评价，这对他们的社会地位带来了不稳定的影响。特殊环境下的负面评价主要受到一些社会因素的制约，这包括但不限于教育资源的分配不均、社会舆论的影响等。

教育资源的分配不均衡可能导致在某些地区或学校中的教师面临较多的困扰。一些地区可能由于资金不足、师资力量不足等原因，无法提供良好的教育条件，这使得在这些地区工作的教师面临较大的教学压力。由于学生在这些地区的学业表现可能受到制约，教师也可能因此遭受外界的负面评价。

社会舆论对教师的评价同样可能对其社会地位造成不利影响。在一些特殊社会氛围下，教育问题可能成为公众关注的焦点，一些负面事件可能被过度放大，从而导致社会对整个教师群体产生负面印象。这种舆论的扭曲可能影响到教师的专业形象和社会声誉，使得他们感受到来自社会的不公正待遇。

3.影响教学质量的困境

教师社会地位的不稳定性可能对教学质量产生负面影响。当教师在社会上受到较多负面评价时，他们可能感受到职业上的巨大压力，这种压力不仅影响到他们的工作积极性，也会对其专注度和教学效果产生直接的负面影响。

教师在社会地位不稳定的情况下，可能面临职业认同感下降的问题。由于受到负面评价，教师可能对自身的专业价值和社会认同感到怀疑，从而影响到他们对教育事业的热情和教学的投入程度。这种职业认同感的降低可能导致教师在教学过程中缺乏积极性，难以激发学生的学习兴趣，从而降低了教学的质量。

社会地位的不稳定也可能使得教师在面对职业发展时感到困扰。受到负面评价可能会影响到教师的晋升机会和职业前景，进而降低他们对教育事业的长期投入。这种困扰可能使得教师更加注重自身的职业发展，而在教学中忽视了对学生全面发展的关注，降低了教学的整体质量。

（二）教育负面评价的影响

1.社会对教育认知的复杂性

社会对教育的认知并非始终正面。教育问题的复杂性使得社会对教育的评价充满了多元性。教育资源的不均衡是导致社会对教育负面认知的一个主要因素。在一些地区，教育资源分配不均衡，学校之间的师资力量、教学设施等存在较大的差异，这可能使得社会对教育体系的公平性产生怀疑，形成对教育的负面观感。

教学质量的参差不齐也是影响社会对教育认知的重要原因。一些学校可能由于师资力量不足、教学方法滞后等问题，导致学生成绩普遍较差。这种教学质量的不均衡会使社会产生对整个教育系统的负面印象，认为教育水平整体较低。

教育体系中存在的一些弊端和问题，如应试教育过度、教育资源浪费等，也可能加深社会对教育的负面认知。应试教育可能使得学生缺乏创新能力和实际应用能力，而资源浪费可能导致社会对教育经费使用效益的担忧。

2.教育负面评价对教师的牵连

教育负面评价往往会对教师产生牵连，将教师个体置于社会对整个教育系统的负面舆论中，从而对其形象产生不利影响。当社会普遍对教育质量产生负面评价时，教师个体容易被视为整个体系的代表，因而承担起负面评价的压力。即便个别教师在教学中表现出色,整体形象也可能因系统性问题而受损。

教育负面评价可能使得教师个体在社会中受到质疑。社会对教育体系的负面印象可能导致对教师专业水平的质疑,使得教师在担任职务、争取资源等方面面临更大的困难。这种不信任感可能影响教师的工作积极性和职业满意度。

教育负面评价还可能影响到教师在家庭和社交圈中的交往。社会对教育体系的负面看法可能使得教师在社交场合面临尴尬和压力,甚至可能受到他人的非议和歧视。这对教师的心理健康和社会适应能力都构成了一定的挑战。

3. 职业困境对教师的影响

教育负面评价可能使教师陷入职业困境,对其职业生涯和心理状态造成深远影响。首先,社会的负面评价增加了教师的职业压力。当整个教育系统受到负面评价时,教师个体往往成为舆论焦点,承受来自社会的批评和指责。这种外部压力可能导致教师感到工作困难,职业动力下降,进而影响到其教学积极性。

职业动力的下降可能引发教师流失问题。教育负面评价可能使一些教师对教育事业失去信心,觉得自己的付出得不到社会的认可。在这种情况下,一些优秀的教师可能选择离开教育行业,导致人才流失,进一步恶化教育体系的现状。

教育负面评价还可能影响到教师的心理状态。负面评价可能导致教师产生自我怀疑和自卑感,影响到其职业满意度和身心健康。教师的心理健康问题会进一步影响到其教学效果和学生的学习体验。

第二节 教师文化生态的未来发展趋势与展望

未来教师文化生态将朝着多元、包容、创新的方向发展。教师将更加注重个体发展,提高适应社会多元化需求的能力,同时,数字化和信息化将贯穿于教育全过程,推动教学方式的创新。

一、未来教师文化生态的发展趋势

(一)理念融合的迎来

1. 传统理念与现代需求的融合

未来教师文化的发展势必在传统理念与现代需求之间进行融合。传统理念注重基础知识的传授和学科技能的培养,认为这是学生发展的关键。然而,现代社会的多元需求要求学生具备更为广泛的能力,如创新思维、批判性思考和团队协作。这种多元需求反映了社会对学生全面发展的期许。

未来的教师文化将更加注重在传承优秀传统教育的同时,与现代需求相结合。这意味着教育者需要在教学中融入新颖的教育理念和方法,以培养学生更全面的素养。在传统理念的基础上,教师将更加注重培养学生的创新思维能力。这可能包括设计富有启发性的教学活动，鼓励学生从不同的角度思考问题，并提供实践机会以促进创造性的表达。

此外，教师文化的融合还将强调批判性思考的培养。传统教育往往注重知识的灌输，而现代社会需要学生具备辨别信息、分析问题的能力。因此，教师需要设计教学活动，培养学生主动思考和质疑的意识，使其具备更为独立和深刻的见解。

团队协作能力也将成为未来教育的重要组成部分。在传统理念中，学生通常是在独立思考和学习的过程中培养能力，而现代社会更加强调团队协作，因为许多问题需要集体智慧和多方参与来解决。教师文化的融合将在教学中强调合作性学习，培养学生与他人协同工作的技能，以更好地适应社会的多元化和复杂性。

2. 教育价值观的统一

未来教师文化的发展趋势将聚焦于实现教育价值观的统一。在这一趋势下，教育者将更加关注学生的全面发展，强调涵盖智力、情感和品德等多个方面的培养。这标志着传统的知识传递将与现代的创新教学方法相结合，旨在更好地引导学生面对复杂多变的社会，塑造全面发展的人才。

教育者将以整合的方式看待学生的成长，不仅注重学科知识的传授，还要关注学生情感素养的培养。通过情感教育，教师将致力于培养学生的社会责任感、团队协作意识和人际关系处理能力。这有助于学生成为更具担当和社交能力的个体，更好地适应未来社会的发展需求。

在实现教育价值观统一的过程中，传统的教育理念将与创新教学方法相互融合。传统的基础教育仍然重要，但将与现代的互动式、探究式学习相结合，激发学生的主动性和探索欲望。这有望打破传统教育中的单向传递模式，更好地激发学生的学习兴趣和动力。

此外，未来教师文化还将注重培养学生的创新思维和解决问题的能力。教师将采用更灵活的教学策略，激发学生的创造性思维，培养他们适应未来社会变革的能力。这种变革将促使教育者更加关注个体差异，灵活运用多元化教学手段，为学生提供更贴近实际和有针对性的教育。

3. 教师专业化的拓展

未来的教师文化将深化对教师专业化的拓展，超越传统的学科知识和教学技能。新的专业化领域将涵盖心理学、社会学、信息技术等跨学科领域的专业知识，旨在使教师更全面地理解学生需求，更灵活地运用知识和技能。

教师将更深入地学习心理学知识。了解学生的心理发展、认知过程、情感变化等方面的知识，有助于教师更好地理解学生的需求和行为，提高个性化教育的水平。这种专业化的心理学知识将成为未来教师文化的重要组成部分。

社会学将成为教师专业化的另一关键领域。教师需要了解社会结构、文化背景、家庭环境等因素对学生学业和生活的影响。社会学的专业知识将帮助教师更好地应对多元文化和社会差异，为学生成长提供更全面的支持。

信息技术领域的专业化知识也将成为未来教师文化的重要组成部分。随着科技的不断发展，教师需要具备数字化素养，能够灵活运用信息技术进行教学和管理。拓展到信息技术的专业领域，将使教师更好地适应数字化教育的趋势，提高教学效果。

（二）个体发展的重视

1.个性化发展路径的设计

未来的教师文化将强调为教师设计个性化的发展路径，以促进教师在专业领域的多元化和创造性发展。这一趋势旨在鼓励每位教师积极追求个人专业兴趣和研究方向，从而形成更加多样化和具有创造力的教育团队。

学校将提供灵活的发展机会，以满足不同教师的个性化需求。这包括但不限于专业培训、研究项目支持、学术交流等方面的支持。教师可以根据自身的兴趣和需求选择适合自己发展的方向，有助于激发其专业潜能。

学校将建立个性化的发展规划和评估机制。通过与教师深入沟通，了解其职业发展目标和意愿，为每位教师量身定制发展路径。同时，建立科学的评估机制，对教师的专业成就和发展进行全面评估，为其提供进一步的发展建议和支持。

鼓励教师在跨学科领域进行个性化发展。为了培养更具综合素养的教师，学校可以推动不同学科之间的交叉培训和合作，使教师能够更全面地理解教育领域的动态，并在跨学科合作中展现其个性化的特长。

个性化发展路径的设计将为教师提供更多的自主权和发展空间，推动教师文化朝着更加灵活、创新的方向发展。这不仅有助于提高教师的工作积极性，也有利于构建更具活力和多元化的教育环境。

2.职业发展与生涯规划的支持

未来的教师文化将强调对教师的职业发展与生涯规划提供更全面的支持。学校可以设立专业发展指导服务，通过为教师提供培训、导师指导等形式的支持，帮助他们更有效地规划和管理个人职业生涯，以实现更好的职业成就。

学校将建立完善的职业发展指导体系。该体系应涵盖从入职初期到职业高峰的各个阶段，为教师提供全方位的指导。通过定期的职业发展培训、工作坊和导师指导制度，教师能够了解其职业发展的不同阶段所需的技能和知识，更好地规划自己的职业生涯。

学校将为教师提供多元化的培训机会。培训内容包括但不限于教育理论、教学技能、教育科研、跨学科合作等方面，以满足教师在不同职业阶段的需求。培训还可以涵盖教育领域的新发展、前沿技术应用等，帮助教师不断更新知识储备。

学校将建立导师指导制度，为教师提供个性化的指导和支持。经验丰富的导师将在教师职业发展的关键时期提供指导，分享经验，协助解决职业发展中的问题，促进教师更加顺利地成长为专业人士。

3.教师共享学习文化的建立

未来的教师文化将致力于建立教师共享学习文化，以促进教育环境的活力和发展。通过构建专业学习社群和研究小组等机制，教师将能够在共同学习的氛围中相互启发、共同成长，为教育事业贡献更多的力量。

学校将倡导和支持专业学习社群的建立。这些社群可以按照学科、教学技能、教育研究等不同方向组建，为教师提供一个交流和分享的平台。在这样的社群中，教师可以分享教学心得、教育资源，共同探讨教育问题，形成一种合作学习的氛围。

学校将鼓励教师组建研究小组。这些小组可以围绕教育科研、创新教学方法等主题展开合作研究。通过小组研究，教师可以深入探讨教育理念、实践经验，共同推动教育领域的进步。

学校将提供支持和奖励机制，激励教师积极参与共享学习。例如，可以设立专业发展奖励，鼓励教师分享优秀的教学案例、教育研究成果等，从而形成一个共同学习、共同成长的文化氛围。

（三）适应多元化需求的能力

1. 灵活教学策略的培养

未来的教师文化将注重培养教师适应多元化需求的能力，使其具备更灵活的教学策略。教师将面临更为复杂和多样的学生群体，需要根据学生的个性差异、学科特点等因素，有针对性地进行教学设计，以更好地满足学生的成长需求。

教育机构将致力于提供教师专业发展的机会，以培养其灵活的教学策略。专业发展可以包括参与研讨会、培训课程、学术交流等形式，帮助教师了解最新的教学理念和方法。通过这些机会，教师可以更好地应对不同学生的学习需求，灵活调整教学策略。

学校将建立共享教学资源的平台，促进教师之间的合作与交流。教育机构可以建设在线资源库、教学设计分享平台，使教师能够共享各自成功的教学经验和创新的教学方法。这有助于提高教师的教学水平，同时激发了他们尝试新的、更灵活的教学策略。

学校还可以推动跨学科的专业发展，使教师具备更全面的知识背景。这将有助于教师更好地理解学科之间的关联，灵活地运用跨学科的教学策略，提高教学的多样性和灵活性。

2. 跨学科合作的强化

为适应多元化需求，未来教师将更加强调跨学科合作。这一趋势将教育领域推向一个更加综合、有机的方向。通过与其他学科教师的密切合作，教师能够实现知识的跨界融合，为学生提供更为全面、多元的学科整合。

跨学科合作不仅能够拓宽学生的知识面，还有助于培养学生的综合素养。学科之间的交叉融合使得学生能够更好地理解不同领域的知识，形成更为完整的认知结构。这有助于提高学生的综合思考能力和创新潜力，使其更好地适应未来社会的复杂性。

此外，跨学科合作还能够提高学科间的整合水平，实现知识的无缝衔接。教师通过共同规划教学活动、设计跨学科项目，能够更好地引导学生将不同学科的知识进行关联，形成更为系统和深入的学习体验。这有助于提高学生对知识的整体理解，培养他们的批判性思维和解决问题能力。

在教师的角度上，跨学科合作也能够促进教师之间的专业发展。通过与其他领域的专业人员共同工作，教师能够获得更广泛的专业知识，不断提升自身的综合素养。这有助于打破学科间的壁垒，形成更为开放、合作的教育文化。

3.个性化学习的支持

未来的教师文化将更加注重个性化学习的支持。个性化学习是一种基于学生独特需求和学习方式的教学方法，旨在满足每位学生的个体差异，促使他们更有效地学习和发展。

教师将通过深入了解每位学生的学习风格、兴趣爱好和学科优势，以制订更为个性化的教育计划。这种个性化的支持有助于激发学生的学习兴趣，使他们更加主动、积极地参与学习过程。通过关注学生的个体差异，教师能够更好地满足他们的学习需求，提高其学习动机，促进学术成就的提升。

在个性化学习的支持下，教师将更灵活地运用不同的教学策略和资源，以满足学生多样化的学习需求。这可能包括个性化的学科辅导、制定的教育资源以及基于学生进展情况的反馈机制。通过这些个性化的教学方法，学生能够更好地理解和应用所学知识，提高学习的深度和广度。

此外，个性化学习的支持还能够培养学生的自主学习能力和解决问题能力。在个性化学习的环境中，学生将更多地参与学习决策过程，有助于培养他们的自主性和创造性思维。从而促进学生成为更具有适应性和创新力的未来人才。

二、未来教师文化生态的展望

（一）数字化教学的普及

1.数字化教学手段的全面应用

未来的教师文化将迎来数字化教学手段的全面应用，这是因为随着科技的不断发展，虚拟现实、人工智能等高科技技术将更多地融入教育领域。这一趋势将对教师的教学方法和技能提出更高的要求，教师不仅需要熟练掌握现有的数字工具，还需要不断学习以适应新兴的教育技术，以提高教学效果。

数字化教学手段的全面应用将使得教学更加灵活、生动，并提供更多个性化的学习体验。虚拟现实技术可以创造沉浸式的学习环境，使学生身临其境地参与学科内容，从而更好地理解和应用知识。人工智能技术可以根据学生的学习情况提供个性化的教学内容和建议，帮助教师更好地满足学生的学习需求。

在数字化教学的背景下，教师需要具备更多的技术能力，包括熟练使用教学软件、理解数据分析工具、运用在线教育平台等。因此，未来的教师培训也需要更加注重教师的数字化素养和技术应用能力的培养。学校和教育机构可以通过提供相关培训课程、组织教师之间的经验分享，以及激励教师积极地参与数字化教学实践，来促进教师在数字化时代的专业发展。

然而，数字化教学手段的全面应用也面临一些挑战。主要有两个方面：一方面，一些教育者可能对新兴技术持保守态度，对数字化教学存在疑虑，这需要通过更多的沟通和培训来解决；另一方面，教师需要面对学科知识和教育技术的双重压力，需要不断提升自身的综合素养。因此，未来的教师文化需要建立在技术创新和教育理念相结合的基础上，以促进数字化教学手段的全面应用，并为学生提供更为优质的学习体验。

2. 在线教育的普及

未来教师文化将积极推动在线教育的普及。随着互联网的广泛应用，在线教育成为教育领域的一项重要趋势。教育者意识到在线教育的巨大潜力，因此更加注重在线教育的设计和管理，以创造更适合远程学习的教学环境，并提供高质量的在线课程。

在线教育的普及将为学生提供更加灵活和便捷的学习方式。学生可以随时随地通过互联网获取教育资源，突破了传统教育时间和空间的限制。这种灵活性不仅能够满足学生个性化的学习需求，还能够促进生命周期内的学习，使得教育真正贯穿整个人的生活。

教师在在线教育中的作用将更加多元化。他们将不仅是知识的传授者，更是在线学习环境的设计者和引导者。教师需要具备在线教育平台的使用技能，能够设计富有互动性的在线课程，引导学生参与讨论和合作。同时，教师还需要更好地管理学生的学习过程，为学生提供个性化的学术支持。

然而，随着在线教育的普及，也会面临一些挑战。首先，如何确保在线教育的质量成为一个亟待解决的问题。在线教育的质量不仅取决于教学设计，还受到技术设施、学生参与度等多方面因素的影响。其次，在线教育的普及需要更多的教育资源的投入，包括教育技术、在线课程的研发等。这将需要政府、学校和企业等多方面的合作，以推动在线教育事业的发展。

未来教师文化的发展将与在线教育的普及密切相关。教师将在这一发展趋势中发挥关键作用，推动在线教育更好地服务于学生的学习需求，为构建更加灵活、高效的教育体系做出积极贡献。

3. 数字素养的重要性

未来的教师文化将高度强调教师的数字素养，将其视为专业发展的不可或缺的组成部分。这种强调反映了当今数字化时代对教育者新的要求和挑战。数字素养不再只是一项附加技能，而是一种全面的能力，涉及信息技术、数据分析和挖掘等多个方面。

教师需要熟练掌握信息技术。在数字化时代，信息技术已经成为教学的重要工具。教师应当能够灵活地运用各种教学平台、在线资源和协作工具，为学生提供更加丰富多样的学习体验。熟练掌握信息技术还有助于教师更好地组织和管理教学过程，提高教学效果。

了解数据分析和挖掘的基本原理对于未来教师至关重要。大数据时代的到来使得教育领域也充满了更多的数据。教师通过对学生学习数据的分析，可以更好地了解学生的学习习惯、需求和问题，为其提供个性化的学习支持。同时，教师还可以通过数据分析优化教学设计，提升教学效果。

数字素养的重要性不仅体现在教学过程中，也涉及教师个体的专业发展。教育者需要主动学习和适应新的技术和工具，不断提升自己的数字素养水平。这包括参与各类数字化技术培训、学习新的教学工具和方法等。通过不断更新数字知识，教师才能更好地适应数字化时代的教育需求，保持在专业领域的竞争力。

（二）创新教育方法的涌现

1. 个性化学习的推动

未来的教师文化将积极推动个性化学习的发展，以更好地满足学生的多样化学习需求。这一趋势反映了对传统教学方法的挑战，强调每个学生独特性的至关重要，旨在提高学习效果和促进学生对学习的积极参与。

教师将更加注重了解每个学生的学习风格、兴趣和需求。通过深入了解学生的个体差异，教师可以更准确地把握每位学生的学习特点，有针对性地制定教学策略。这需要教师具备良好的沟通和观察能力，以建立起与学生之间更为紧密的联系，形成有利于个性化学习的基础。

采用差异化的教学方法将成为未来教育的主要趋势。传统的"一刀切"教学方式逐渐不能满足学生不同的学科理解和学习速度。个性化学习强调灵活性，教师将根据学生的实际情况调整教学内容、难度和进度，确保每个学生都能够在适合自己的节奏下学习，避免了学习上的焦虑感和挫败感。

个性化学习的推动也需要更多的教育科技支持。教师可以借助智能化的教育平台和应用，收集并分析学生的学习数据，为个性化学习提供更为科学的依据。这种科技支持不仅能够减轻教师的工作负担，更能够提供更为精准的学生反馈，促进个性化学习的深入实施。

2. 项目式学习的普及

未来的教师文化将积极引入情景化教学的应用，将情景元素巧妙地融入教育过程，以创新的方式激发学生的学习兴趣，提高学习的积极性。这一趋势反映了对传统教学模式的挑战，旨在通过更具互动性和趣味性的学习方式，推动学生更深度、更主动地参与学习，从而提升其整体学习效果。

首先，情景化教学的应用带来的第一个显著影响是激发学生的学习兴趣。通过引入具有挑战性、趣味性和奖励性的情景元素，教师能够打破传统教学的单调性，使学习过程更具吸引力。学生参与情景化教学时，会在轻松愉快的氛围中体验学科知识，从而产生更浓厚的学习兴趣。

其次，情景化教学的应用能够促使学生更主动地参与学习。由于情景化设计的本质是基于自愿参与，学生在情景化教学中更愿意投入时间和精力，形成自发性的学习动力。这有助于培养学生的自主学习能力，使其在学习中不仅仅是被动接受知识，更能主动追求深度理解和掌握。

最后，情景化教学方法还能够提高学生的学科技能。通过情景化教学设计，教师可以有选择性地强化学科知识点，培养学生解决问题的能力、团队协作的技能以及创新思维。

这种学科技能的培养不仅有助于学生更好地应对未来社会的挑战，也符合现代社会对综合素养的需求。

3.情景化教学的应用

未来的教师文化将积极倡导并引入情景化教学的应用，这一教学方法以将情景元素融入教育过程为特征，旨在激发学生的学习兴趣，提高学习的积极性。这一创新性的教学方式既突破了传统教育的条条框框，又能够通过提供更富有趣味性和参与感的学习体验，使学生更为主动地投入学习，从而进一步提升整体学习效果。

情景化教学的应用将着眼于激发学生的学习兴趣。通过将教学内容与情景元素相结合，教师能够设计出更富趣味性的学习任务，使学生在学习过程中获得更多的乐趣。这种趣味性的设计有助于打破学习的枯燥感，激发学生对知识的好奇和求知欲。

情景化教学能够提高学生的学习积极性。由于这种模式本身具有挑战性和奖励性，学生在参与情景化教学时更容易产生学习的积极性。通过设立学习目标、奖励机制和竞争元素，学生将更为主动地投入学习，提高对学科知识的接受和消化能力。

这一创新教学方法也能够促使学生更为主动地参与学习。在情景化教学中，学生通常需要通过解决问题、完成任务或参与团队协作来获取奖励，这激发了他们积极主动地参与学习过程的意愿。相比传统的单向教学，学生在情景化教学中更像是学习的主体，而非被动地接受者。然而，值得注意的是，情景化教学的应用也需要教师在设计和实施中注意平衡。教育者需要确保元素的引入不会过度干扰学科知识的传递，以免降低学习效果。此外，教师还需要不断提升自身对情景化教学理念的理解和应用能力，以更好地适应这一创新性的教学方式。

第三节 推动教师文化生态建设的策略与建议

一、建立新型培养机制

（一）培养机制的创新性

1.设立创新性培训项目

新型培养机制的创新性体现在设立独特的培训项目上，通过这些项目为教师提供专门针对教育创新、科技整合、跨学科教学等方向的培训计划。这一举措旨在确保教师具备应对未来教育挑战的能力，并为其提供最新的教育理论、技术和方法的知识背景。

创新性培训项目的设立首先需要关注教育创新。这方面的培训可以包括教学设计的创新方法、新兴教育技术的应用、学科交叉的教学策略等内容。通过这些培训，教师将能够更好地理解和应用创新的教育理念，提高他们在教学中的创造性和灵活性。

培训项目应关注科技整合。现代教育已经离不开科技的支持，因此教师需要掌握最新的科技工具和教学平台。培训内容可以包括虚拟现实、人工智能、在线教育平台等方面的技术知识，帮助教师更好地融入科技与教学实践，提高教学效果。

创新性培训项目还应关注跨学科教学。培训内容可以涉及多学科知识的整合、跨学科合作的教学方法等方面。这有助于培养教师具备综合性思维和跨学科教学的能力，更好地满足学科交叉的教学需求。

培训项目的设计应当充分考虑教师的实际需求，强调实际操作和案例分析，使培训更加贴近教师的工作实践。通过这样的创新性培训项目，学校将为教师提供更为全面和前沿的知识，使其在面对不断变化的教育环境时能够更加从容，推动学校整体教育水平的提升。这一举措不仅有助于培养具备创新意识和实践能力的优秀教育人才，也为学校在未来的发展中奠定了坚实的基础。

2. 引入实践导向的培训模式

创新性的培养机制应着眼于实践导向，引入一种以实际操作为重点的培训模式，通过实际案例、模拟教学和项目实践等方式，使教师能够将理论知识有效地转化为实际教学能力。在这一培训模式中，引入导师制度是关键措施，由有经验的教育专业人士指导新教师进行实际操作和反思，以达到更深层次的专业成长。

实践导向的培训模式注重将理论知识与实际应用相结合，使教师在培训过程中能够深入参与真实教学场景。通过实际案例的讨论和分析，教师可以更好地理解理论知识在实际教育环境中的应用，培养解决问题和创新的能力。模拟教学活动可以为教师提供一个低风险的实践平台，使其能够在模拟情境中逐步磨炼教学技能，增强教学自信心。

在培训模式中引入导师制度是一种有效的手段。有经验的教育专业人士可以为新教师提供个性化的指导和支持，分享实际教学经验，帮助他们更好地适应学校的教学环境。导师还可以引导新教师参与教育研究项目，提供实际操作中的建议和反馈，使其在实践中不断提高教学水平。

实践导向的培训模式有助于培养教师在实际教学中的应变能力和创新意识。通过参与项目实践，教师能够在实际教育场景中应对各种挑战，培养解决问题的能力。这种培训模式还能够激发教师对于实际教育问题的关注和思考，引导其积极参与教育改革和创新实践。

3. 强调教育领域的前沿研究

培养机制应当强调教育领域的前沿研究，鼓励教师积极参与最新的教育发展趋势，以确保他们始终保持学科知识的更新与深化。为此，学校可以制定措施，设置专门的研究项目或研讨会，提供必要的资源支持，以激发教师的研究兴趣，并促使他们在教学实践中更好地结合最新的研究成果。

学校可以建立专项研究项目，重点关注教育领域的前沿问题。通过设立项目，学校能够为教师提供展开深度研究的机会，同时为其提供必要的研究资源和支持。这有助于推动学校教育的前沿研究，提高教师的学术水平，同时丰富了学校的研究产出。

学校可以定期举办研讨会，聚焦教育领域的最新研究成果和发展趋势。这样的研讨会不仅为教师提供了一个了解最新学术进展的平台，还能够促进教师之间的学术交流与合作。通过邀请国内外专业人士分享其研究成果，学校能够将国际先进的教育理念引入本地，提升整体的教育水平。

为了鼓励教师更积极地参与前沿研究，学校可以设立研究激励计划，为在前沿研究领域取得突出成果的教师提供奖励和荣誉。这不仅能够激发教师的研究热情，还有助于形成学术氛围，推动学校研究文化的建设。

（二）注重实际教学技能的培养

1. 实践教学设计

培养机制应着重培养教师的实际教学设计能力，这一能力的提升对于构建富有创新性和实效性的教学模式至关重要。通过设计真实教学场景和制订个性化教学计划，教师在培训过程中可以不断提升对学科知识和教学方法的熟练运用，使其能够更好地适应和引领教育领域的发展。

在培养实际教学设计能力的过程中，学校可以通过设立专门的教学设计课程或研讨会，为教师提供系统地培训。这些培训内容可以包括课程设计原理、教学方法选择、教学资源的有效利用等方面的知识，帮助教师建立起科学合理的教学设计思维框架。

学校可以借助实践教学设计项目，让教师将理论知识付诸实际。通过在真实教学场景中设计和实施教学计划，教师能够更深入地理解学科知识与教学方法的相互关系，并逐步形成属于自己的教学风格。这种项目的实施可以涉及多个学科和年级，以确保教师能够在不同环境中进行实际应用。

学校还可以倡导个性化教学计划的制订。鼓励教师根据学科特点和学生差异，灵活调整和创新教学计划。个性化的教学设计有助于满足学生多样化的学习需求，提高教学的针对性和实效性。

为了进一步支持教师的实际教学设计能力的提升，学校可以建立共享教学设计平台，让教师分享和借鉴优秀的教学设计经验。这种平台可以促进教师之间的互动和合作，形成共同提升的学习氛围。

2. 课堂管理与沟通技能

实际教学技能的培养不仅需着眼于学科知识和教学设计，还需要关注课堂管理和沟通技能的发展。这两个方面的培训内容包括建立课堂纪律、激发学生的参与度以及与学生和家长进行有效沟通等，旨在使教师在应对复杂的教育环境时能够游刃有余。

培养课堂管理技能是确保教学秩序和学生专注度的关键。学校可以通过专门的培训课程，为教师提供有关建立课堂纪律的方法和策略。这可能涉及如何设定明确的规则与期望、如何处理学生行为问题以及如何保持课堂秩序的技巧。通过这样的培训，教师能够更好地处理课堂管理中的各种挑战，提高学生参与度和学习效果。

培养沟通技能对于建立良好的师生关系以及与家长有效沟通至关重要。培训可以围绕着如何建立积极的师生关系、倾听学生的需求、有效表达教学意图等方面展开。此外，培训还可以关注与家长之间的沟通技巧，以确保及时传递学生学习情况和解决潜在问题。通过这样的培训，教师能够更加娴熟地与学生和家长进行沟通，促进积极的互动关系，提高教育教学的质量。

为了强调课堂管理和沟通技能的培养，学校还可以通过模拟教学、实际案例分析等方式，让教师在培训中能够亲身体验和应对各种可能发生的情境。这样的实际操作有助于教师更好地理解并应用所学的课堂管理和沟通技能，提高其在实际教学中的自信心和适应能力。

3.学科知识的实际运用

培养机制应当重视教师对学科知识的实际运用能力，使其能够在实际教学中更灵活地应用所学的理论知识。除了强调理论学科知识的传授，培养机制应通过实际案例分析、问题解决等方式，深化教师对学科知识的理解和应用，以确保他们能熟练地运用知识解决实际教学中的各类问题。

培养机制可以通过开设专门的案例分析课程，引导教师通过对实际案例的分析来理解和应用学科知识。这样的课程可以涵盖不同难度和类型的案例，帮助教师更深入地理解学科知识在实际问题中的应用场景。通过对真实案例的分析，教师能够学到如何将学科知识有机地融入教学实践中，提高其实际应用能力。

培养机制还可以倡导解决问题的教学方法。通过设置具体的教学问题，鼓励教师运用所学的学科知识来寻找解决方案。这种问题导向的学习方式不仅能够增强教师对学科知识的理解深度，同时培养了他们在解决实际问题时的创造性思维和实际操作能力。

学校还可以建立学科知识的实际运用考核机制，通过教学案例分析、实际教学设计等方式，全面评估教师在实际教学中对学科知识的应用水平。这样的考核机制有助于激励教师更加努力地深化学科知识的学习，并更有针对性地将知识应用于实际教学过程中。

（三）关注未来教育的发展需求

1.定期更新培训内容

新型培养机制应设立定期更新培训内容的机制，以跟进未来教育的发展需求。不断调整培训内容，引入最新的教育技术、理论和实践经验，确保教师具备应对快速变化的教育环境的能力。

2.专门关注数字化教育

面对数字化教育的普及，培养机制应特别关注数字化教育的培训。包括但不限于在线教学平台的使用、教育科技工具的应用、虚拟实境教学等方面的内容，以提升教师数字素养，使其能够更好地应对数字化教育时代的教学挑战。

3.开设跨学科融合的培训课程

未来教育的趋势将更加强调跨学科的融合，培养机制应设立相关的培训课程。这包括不同学科之间的合作教学、项目式学习等内容，使教师能够更好地促进学科之间的交叉应用，提高其综合素养。

二、建设数字化教学平台

（一）提供全方位的教师培训服务

1. 建设多元化的在线课程

数字化教学平台的核心在于建设多元化的在线课程，涵盖教育技术、创新教学方法、课程设计等多个方面。这些课程由教育专家、科研人员和实践经验丰富的教师联合设计，确保培训内容既具专业性又具实用性。在线课程的设计应兼顾理论知识的传授和实际操作的培训，使教师在学习过程中能够建立理论与实践的有效连接。

2. 定期举办数字化教学研讨会

除了在线课程，数字化教学平台还应定期举办数字化教学研讨会。研讨会可以邀请国内外专家分享最新的数字化教学理念和实践经验，为教师提供面对面的学习机会。通过与专家的互动，教师能够深入地了解前沿的教育科技发展趋势，提升对数字化教学的认知和应用水平。

3. 实践操作与反馈机制

为了使教师更好地应用所学知识，数字化教学平台应提供实践操作的机会。通过模拟教学、案例分析等方式，教师能够在虚拟环境中进行实际操作，增强数字化教学的实际应用能力。同时，建立有效的反馈机制，让教师获得及时地评估和改进建议。这有助于教师在实际教学中更灵活地应用数字化教学手段，从而提高教学效果。

（二）教学资源共享与合作

1. 建立在线资源库

数字化教学平台应建立丰富的在线资源库，包括教学视频、电子教材、课程设计模板等。这些资源按学科、年级、主题等分类，方便教师快速获取，并能够灵活运用于自己的教学实践。在线资源库的建设需要不断更新和维护，以保持内容的新颖性和实用性。

2. 创建教学设计分享平台

为促进教师之间的合作与学习，数字化教学平台应设立教学设计分享平台。这个平台可以成为教师们分享成功的教学设计、交流经验和心得的虚拟社区。通过分享，教师可以从同行的优秀实践中获得启发，促进共同进步。

3. 跨学科合作推动资源整合

数字化教学平台应鼓励跨学科的合作与交流。通过促进不同学科领域的教师之间的合作，将各学科领域的优质教学资源整合到平台上，为教师提供更全面、更多样的教学素材。这种跨学科合作有助于打破学科壁垒，促进教师综合素养的提升。

（三）推动在线教育的创新

1. 鼓励线上课程设计与实施

数字化教学平台应鼓励教师尝试在线课程的设计和实施。通过提供在线课程开发工具和技术支持，平台能够帮助教师更好地规划、设计和组织线上课程。鼓励教师参与线上课程的设计与实施，有助于提升其对数字化教学的实际操作能力。

2. 收集学生反馈促进不断改进

在线教育的创新需要及时的反馈机制。数字化教学平台可以设立学生反馈通道，收集学生对在线教学的意见和建议。通过学生的反馈，教师能够更深入地了解学生对数字化教学的接受度和期望，从而不断改进课程设计和教学方式，提高在线教育的质量。

3. 支持虚拟实境教学实践

数字化教学平台还可支持虚拟实境教学。通过提供虚拟实境教学工具和资源，平台可以帮助教师在虚拟环境中模拟真实的教学场景。这种技术有助于提高教学的趣味性和互动性，激发学生的学习兴趣。

三、推动教师参与教育决策

（一）建立教师参与决策的机制

1. 设立教师代表团队

为增强教师的责任感和参与度，学校可设立教师代表团队，由具有丰富教学经验和专业素养的教师担任代表，参与学校事务的决策过程。这一团队将成为一座桥梁，将教师的声音传达给学校管理层，促进师生利益的平衡和共赢。

2. 建立决策参与渠道

学校应建立多样化的决策参与渠道，包括定期的座谈会、工作组会议等形式，为教师提供表达意见和建议的机会。通过设立决策反馈渠道，确保教师的建议被充分听取和采纳，形成协商的决策文化。

3. 实施协商式决策

倡导协商式决策，鼓励学校管理层与教师代表进行深入地讨论和协商。这种决策方式能够充分发挥教师的专业性，凝聚共识，避免单一决策者的主观决策，从而实现更加民主、公正的领导风格。

（二）开展教育决策培训

1. 制订培训计划

学校可以制订详细的教育决策培训计划，明确培训内容、形式和周期。培训内容应包括决策原则、学校管理相关法规、团队协作等方面，以提高教师在决策过程中的专业素养。

2. 邀请专业讲师

培训计划可以邀请专业讲师、学校管理层以及决策领域的专家进行培训。通过专业讲师的指导，教师能够更深入地了解决策的理论知识和实际操作技巧，提高参与决策的主动性和专业水平。

3. 开展实践操作

培训过程中，应设置实践操作环节，让教师在模拟决策场景中进行实际操作。这有助于将理论知识与实际操作相结合，提高教师在真实决策中的应变能力和决策效果。

（三）激励教师积极参与

1. 设立奖励机制

为激励教师积极参与决策，学校可以设立奖励机制，根据教师在决策中的表现给予荣誉称号、奖金、晋升机会等奖励。这不仅能够提高教师的积极性，还有助于形成一种奖励制度，推动更多教师参与学校事务的决策中。

2. 强调团队合作与共享

强调决策过程中的团队合作与共享，将决策视为集体行为，使每一位教师都感受到自己的价值。通过共同参与决策，教师能够更好地认同学校目标，增强对学校的归属感，从而更加积极地参与学校的决策活动。

3. 建立决策反馈机制

建立决策反馈机制，及时向教师反馈他们的决策意见的执行情况和效果。通过对决策结果的透明公开，使教师能够看到自己的贡献，从而更有动力参与学校的未来决策。

四、建立教育科研平台

（一）设立专业化研究机构

1. 建立教育科研中心

为促进学术研究的蓬勃发展，学校可以策划设立教育科研中心，为其提供专业团队支持，负责规划、组织和推动教育科研工作。这一中心旨在整合学校内部的教育资源，形成高效的科研团队，以提高教学质量、推动教育改革为目标。

教育科研中心可设有多个研究方向，以满足不同教师的科研需求。涵盖的研究方向可以包括但不限于教学方法、课程设计、教育技术、学科专业发展等多个领域。通过设置多个研究方向，教育科研中心能够更全面地关注教育领域内的多个方面，推动教育研究的全面发展。这为广大教师提供了更多选择，使他们能够更好地参与到感兴趣和擅长的研究项目中，进而提高研究的深度和广度。

教育科研中心的专业人员将扮演着重要的角色。这些专业人员可以包括研究员、项目经理、统计分析师等，他们将协助教师设计科研项目、提供研究方法和技术支持，以确保科研工作的质量和效果。通过专业团队的支持，教育科研中心能够更好地组织和管理科研活动，提高教师在科研领域的产出和影响力。

此外，教育科研中心可以作为学术交流的平台。中心可组织各类学术研讨会、讲座、培训等活动，促进教师之间的学术交流与合作。这种交流不仅有助于推动科研工作的进展，也有助于形成学术共同体，提升学校整体的学术水平。

2. 提供项目支持与资助

教育科研中心作为学校内部的科研支持机构，其中一项关键任务是为教师提供项目支持和资助，鼓励他们提出创新性的教育科研课题。通过这种方式，中心可以积极推动教育领域的科研活动，促使学校整体教育水平的提升。

教育科研中心可以设立专项资金，用于资助教师发起的创新性教育科研项目。这些项目的选题范围可以包括学科建设、教学改革、学科交叉研究等多个方向。资金的设立将为教师提供更多开展科研工作的资源，降低项目实施的经济难度，从而激发他们对科研活动的兴趣和热情。

教育科研中心可以设立专业团队，为教师提供项目支持。这些专业人员可以为教师提供项目设计、实施计划、数据分析等方面的专业指导。通过专业团队的支持，教师能够更好地规划和执行科研项目，提高研究的质量和效果。

教育科研中心还可以组织各类培训活动，培养教师的科研能力。培训内容可涵盖项目设计、文献检索、数据统计与分析等科研技能。这有助于提高教师在科研领域的专业素养，增强其开展创新性科研工作的能力。

3. 组织学术研讨与交流

为促进学术研究的积极互动，教育科研中心可以定期组织学术研讨会、研究交流活动，为广大教师提供一个展示研究成果和学术思想的平台。这一举措旨在促使学术界内部的教师相互分享研究经验、交流学术见解，激发科研热情，提升整体科研水平。

学术研讨会是一种有效的学术交流方式，通过组织此类活动，教育科研中心能够为教师提供一个集中展示研究成果的平台。教师们可以分享他们在教育领域的最新研究成果、创新教学方法、教育技术的应用等方面的心得与体会。这不仅有助于推动学术研究的深入，也能够激发其他教师对于相似主题的兴趣，促进学术共同体的形成。

研究交流活动的组织还能够带动学术思想的碰撞，促进学术创新。通过互动式的研究交流，教师们能够深入讨论各自研究的方法、发现和挑战，共同寻求解决问题的途径。这种开放式的学术互动不仅促进了教师之间的学术合作，也有助于形成科研共同体，推动学校整体科研水平的提升。

在学术研讨与交流活动中，教育科研中心还可以邀请外部专家学者进行专题讲座或评审，提供不同领域的专业观点。这有助于丰富学术研究的层次和视野，拓宽教师们的学术视野，促使他们对教育研究问题有更深入地理解与思考。

（二）鼓励教师科研团队的建设

1. 设立科研团队基金

学校可以积极推动科研活动，为教师提供更多的支持和激励，其中一项有益的举措是设立科研团队基金。这一基金的设立旨在鼓励教师自发组建科研团队，促进教育机构内部的学术合作与研究交流。科研团队基金可作为一项资金支持工具，用于支持科研团队的研究项目、团队成员的学术活动等，从而为科研团队的建设提供可持续发展的资金保障。

该基金的首要目标是激发教师参与科研活动的积极性，为其提供更多的资源和支持。通过设立科研团队基金，学校向教师传递了对科研工作的重视和支持，为其提供了更多展开研究的机会。教师们可以自发组建科研团队，通过提交优质的研究项目提案来争取基金资助，从而推动学校科研团队的多样性和活跃度。

科研团队基金的资金用途多样化，旨在全方位支持科研团队的发展。这包括但不限于资助团队的研究项目，支持团队成员参与国际学术会议、研讨会等学术活动，提供购买必要研究设备和文献的经费。这样的多元化支持有助于提升科研团队的整体水平，为其他成员提供更多的学术交流和学科提升机会，进而促进学术成果的产出。

2. 设立科研合作平台

为了促进教师之间的科研合作，学校可以积极倡导并建立在线科研合作平台。这一平台的设立旨在为教师提供一个便捷的合作渠道，通过在线交流与互动，搭建起一个促进教育机构内部和跨学科科研合作的平台。在这个平台上，教师可以便捷地发布自己的科研需求，寻找合适的合作伙伴，推动跨学科的合作研究，从而促进学术创新的不断涌现。

该科研合作平台的核心目标是为教师提供一个开放、高效的科研合作平台。通过平台，教师们可以共享自己的科研兴趣和专业领域，发布对合作伙伴的需求，或是响应其他教师的合作邀请。这样的平台既能够打破传统科研合作的地理限制，也能够将更多的科研资源整合在一起，形成合力，推动科研工作的进展。

教师可以在科研合作平台上寻找跨学科的合作机会。由于教育领域的广泛性，跨学科的研究能够更全面地解决问题，推动学科之间的融合与创新。通过平台，教师可以自由组建多学科的科研团队，共同探讨教育问题，推动学科交叉研究的深入发展。这样的合作模式有助于提高研究的深度和广度，推动学术创新的不断涌现。

此外，科研合作平台还为教师提供了一个学术交流和资源分享的机会。教师可以在平台上分享自己的研究成果、经验教训以及学术资源，促进教育领域内的学术共享与合作。这样的平台有助于形成学术共同体，提高学术合作的效率和质量，推动学科的前沿研究不断取得新的突破。

3. 评选科研优秀团队

为了激发科研团队的积极性、提高团队的凝聚力和创新力，学校可以制定并实施科研团队评选机制。通过设立这样的机制，可以对表现优秀的科研团队进行评选，为其提供奖励与荣誉，从而在学术研究领域营造积极向上的氛围。

科研团队评选机制的设立，是为了对表现卓越的科研团队进行肯定与奖励。这可以包括团队在学术研究方面的成果、在解决实际问题中的贡献以及对学术社区的积极影响等方面的表现。通过设立奖项、提供科研经费、给予团队成员晋升等激励措施，能够有效地激发科研团队的积极性，促使其更加努力地投入到高水平科研工作中。

科研团队评选机制有助于提高团队的凝聚力。在评选的过程中，团队成员将更加紧密地协作，共同追求卓越。这种集体的目标感和责任感有助于加强团队内部的合作，提高团队整体的执行力。同时，评选机制还能够促进团队成员之间的学术交流与合作，形成更为有机的团队结构。

科研团队评选机制能够推动科研团队的创新力。为了在评选中脱颖而出，团队成员将更加努力追求卓越的研究成果，积极开展前沿性的研究项目。这种竞争机制有助于激发团队内部的创新激情，推动科研团队在学术研究中走在前列，取得更多有价值的研究成果。

最后，科研团队评选机制的建立可以提高学校整体的学术水平和声誉。表彰科研优秀团队不仅对团队本身是一种肯定，也为学校在学术研究领域树立了榜样。这有助于吸引更多高水平的科研团队加入学校，形成科研资源的聚集效应，提升学校在学术研究方面的影响力。

参考文献

[1] 赵斌，黄永秀.特殊教育学校与普通学校教师职业幸福感比较研究[J].现代特殊教育，2015（10）：56-61.

[2] 何迎春.特殊教育教师主观幸福感、工作压力及其关系研究[J].现代特殊教育，2016(8)：57-62.

[3] 牟方志.传统文化的生态智慧[J].人民论坛，2019（8）：136-137.

[4] 常晓薇，孙峰，孙莹.国外环境教育及其对我国生态文明教育的启示[J].教育评论，2015（5）：165-167.

[5] 梁红军，张颖珂.中华优秀传统生态文化的当代转化与实践路径[J].石河子大学学报（哲学社会科学版），2019，33（5）：29-35.

[6] 刘海霞，马立志.我国传统文化中生态智慧的现实意蕴[J].学术探索，2017（7）：121-126.

[7] 任晓娜，葛本红.议题式教学在思想政治课中的有效实施——以"在实践中追求和发展真理"教学设计为例[J].中小学校长，2019（1）：33-35.

[8] 李清源.对我国传统生态文化现实价值的认识[J].攀登，2007（3）：120-123.

[9] 陈宝生.中国教育：波澜壮阔四十年[N].中国教育报，2018-12-18.

[10] 黄浩.两会，关于教师的9个热点话题[N].中国教师报，2019-03-13.

[11] 安东尼·纪登斯，菲利普·萨顿.社会学基本概念[M].王修晓，译.北京：北京大学出版社，2019.

[12] 刘有军，杨珪，张衡，等."双一流"建设视阈下高校工会工作：意义、挑战和应对路径——基于四川大学的实践考察[J].教育与教学研究，2019（8）：63-77.

[13] 杨海燕，石丽萍.高校工会引领青年教师成长的路径探索——以北京联合大学为例[J].长春工程学院学报（社会科学版），2020，21（1）：52-55.

[14] 谢正侠，王立杰，扈红.新形势下中国海洋大学工会助力青年教师成长机制研究[J].内蒙古科技与经济，2020（19）：16-19.

[15] 郑伟，刘玉林.基于复杂网络的高校教师职业倦怠热点研究[J].黑龙江高教研究，2020，38（6）：50-55.

[16] 窦东徽，石敏，赵然，等.社会生态心理学：探究个体与环境关系的新取向[J].北京师范大学学报（社会科学版），2014（5）：43-54.

[17] 俞国良，李建良，王勍.生态系统理论与青少年心理健康教育[J].教育研究，2018，39（3）：110-117.

[18] 杨传利，毛亚庆，曹慧，等.学校内部教师社会网络现状及对学校管理改进的启示——项基于社会网络分析的研究[J].基础教育，2017，14（3）：68-77，113.

[19] 彩霞，李子建.教师情绪的形成：生态学的视角[J].全球教育展望，2014，43（7）：67-75，82.

[20] 太圣，吴蔚.从外在支援到内在发展：教师轮岗交流政策的实施重点探析[J].全球教育展望，2014，43（2）：95-105.

[21] 新翠.中小学教师工作量的超负荷与有效调适[J].中国教育学刊，2016（2）：56-60.

[22] 新斌，叶繁.教师减负的博弈困境及其破解之道[J].教育发展研究，2020，40（20）：46-52.

[23] 太胜，丘苑，王培芳.中西部农村教师专业发展的危机与化解路径[J].教育理论与实践，2020，40（16）：39-43.

附 录

附录一　文化调查问卷样本

尊敬的教职员工：

为了不断提升学校文化建设水平，我们诚邀您参与本次文化调查。您的宝贵意见对于学校更好地满足教师需求、促进积极文化的形成至关重要。请您认真填写以下问题，谢谢！

1.您对学校的核心价值观有清晰地认知吗？请简要描述您对学校核心价值观的理解。您认为学校在传达和宣导核心价值观方面存在哪些方面的不足？请提出建议。

2.对于学校的愿景使命，您是否感到认同？如果有不认同的地方，请说明原因。

3.您对学校当前的文化建设方向有何期望？请具体描述您希望看到的文化特征或变化。

4.在您个人的职业发展和工作环境方面，您对学校的支持感到满意吗？请说明。

5.您对学校目前的文化建设效果满意吗？请给予简要评价，并提出改进的建议。

6.您认为学校在团队协作、沟通等方面做得如何？请提供您的看法。

7.您是否愿意积极参与学校文化建设活动？如果愿意，您有何建议或期望？感谢您的参与和反馈，您的意见对于我们的文化建设工作至关重要！

附录二　教师满意度调查问卷样本

尊敬的教职员工：

为了不断提升学校文化建设水平，我们希望了解您对学校工作环境、学校文化和相关管理政策的满意度。请您认真填写以下问题，您的宝贵意见将有助于我们更好地满足教师需求，促进积极文化的形成。谢谢！

基本信息：

1. 您的职务：

（1）教师

（2）年级主任

（3）学科组长

（4）其他（请注明）

2. 您在学校服务的年限：

（1）1年以下

（2）1—3年

（3）3—5年

（4）5年以上

3. 薪酬福利：

您对当前的薪酬福利体系满意吗？请说明原因。

4. 职业发展：

您认为学校提供的职业发展机会是否足够？有何建议或期望？

5. 工作环境：

您对当前的工作环境满意吗？请说明您的看法。

6. 学校文化氛围：

您对学校的领导风格感到满意吗？请简要描述您的感受。

7. 在学校的团队合作氛围中，您感到满意吗？请说明。

8. 师德建设：

您对学校的师德建设满意吗？请提供您的看法。

9. 教学资源：

您对学校提供的教学资源满意吗？有何建议或期望？

10. 培训机会：

您是否觉得学校提供了足够的培训机会？请说明。

11. 沟通途径：

您对学校的沟通途径感到满意吗？请提供您的看法。

感谢您的参与和反馈，您的意见对于我们的文化建设工作至关重要！